海の武士団

水軍と海賊のあいだ

黒嶋 敏

吉川弘文館

目　次

プロローグ　波の上から

湘南の海

その日も湘南の海は穏やかだった。晩秋の柔らかい朝日が照らす水平線を見つめていても、波のサイズは上がる気配を見せない。もしかしたら、はるか南に発生している台風のウネリが届き始めるかもしれない、そんな期待は空振りに終わり、このまま引き返すことになりそうだ。波待ちのためボードにまたがって浮かび、ゆらゆらと海面に身を任せていると、左手に江の島、右手には頭に雪をかぶった富士山が遠くに聳(そび)える。物足りない波の日でも、この景色だけはいつも満足感を与えてくれていた。

数年前まで、私は神奈川県藤沢市に住んでいた。サーフィンという趣味が嵩じて、自転車で海まで十五分という物件に飛びついたのである。通勤時間は多少増えるが、なにより近くで海を見る生活は健康的だし、きっとサーフィンも上達できるだろう。そんな思惑で始めた湘南生活だった。だがしかし、自分の体調、その日の天候、波の事情という三拍子が揃わないとサーフィンはできない。しかも住んでみて実感したのは、有名なサーフィンスポットにもかかわらず、湘南の海はじつに穏やかで小

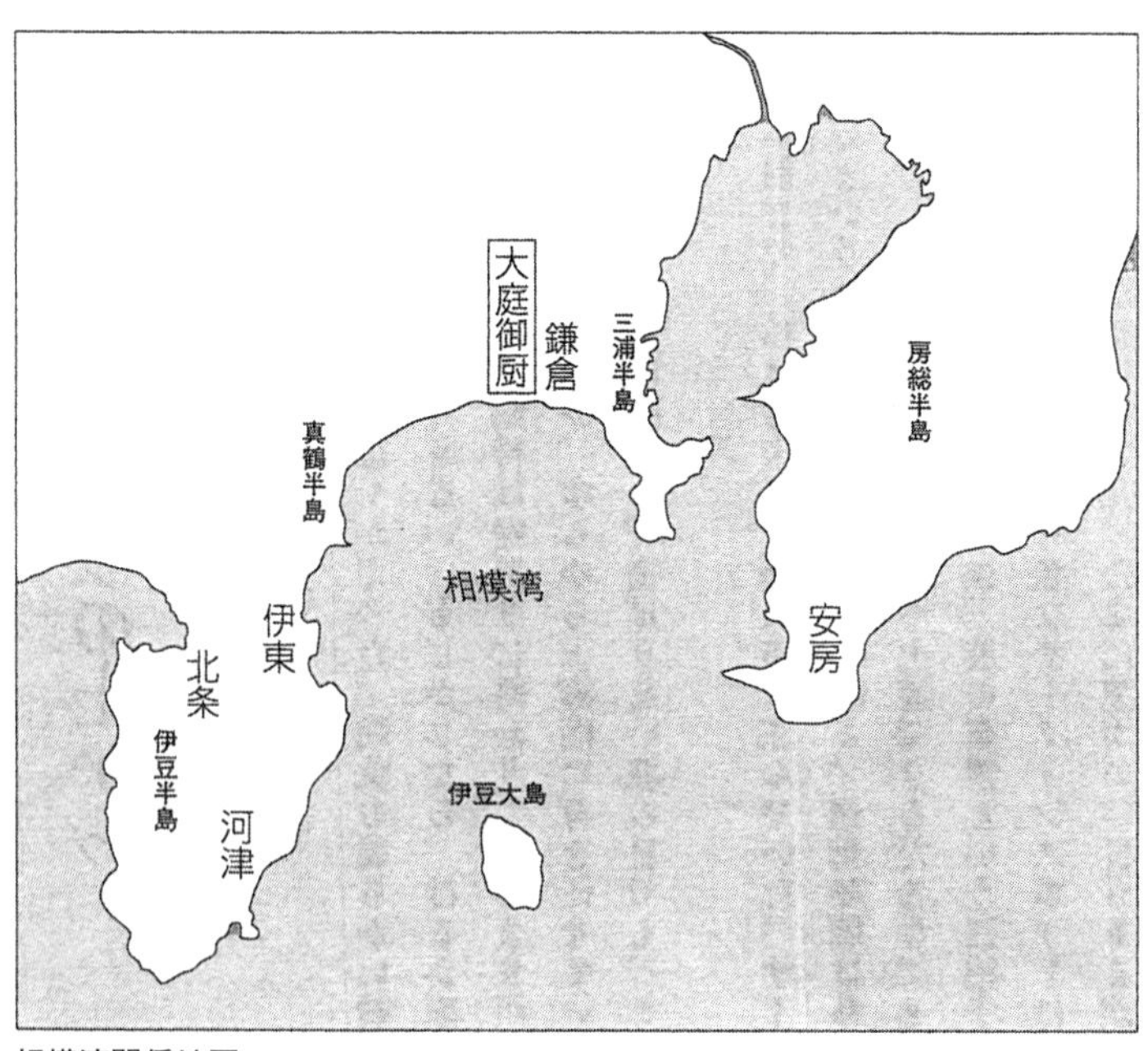

相模湾関係地図

ぶりな波の日が多いことだ。たまに波がいい日もあるが、すると今度は海が混雑しサーファーのレベルも上がってしまい、自分には気が引けてしまう。結局、月に数回程度の波乗りでは一向に上達せず、湘南を離れた今も、サーフィンは下手の横好きのままである。

負け惜しみのようだが、この波が穏やかな理由は相模湾の地形にある。晴れた日の湘南に来たことがある方ならお分かりかと思うが、水平線の左手に三浦半島、その向こうに房総半島、右手には富士山から天城の山々が伸びる伊豆半島、そして正面に伊豆大島の島影を眺めることになる。内海では、外洋からのウネリは、南島か南西から伊豆大島を避けるように入ってくる以外に、なかなか到達しないのである。

箱庭のような景色の美しさと内海への恨みごとを一緒に飲み込んで、波待ちを諦めて帰ろうと陸を見た瞬間、ある夏のワンシーンがよみがえった。

内海と御厨

当時、学生だった私と友人のR氏は、夏休みの気晴らしに江の島のビーチに来ていた。海の家で借りたボディボードに体を預け、その日も穏やかだった海上で波待ちをしていたとき、おもむろに近づいてきたR氏の口から出てきたのは、「大庭御厨（おおばみくりや）」の話だった。

日ごろ鎌倉武士への造詣が深く、さまざまな文献を読み込んでいるR氏は、海の上で大庭御厨に関するあふれんばかりの知識を惜しげもなく滔々（とうとう）と披露してくれた。図書館や研究室から離れ開放的な夏の海へと来たにもかかわらず、せっかくの浮かれたレジャー気分が目に見えて盛り下がっていったことはいうまでもない（ちなみにR氏は、大学で教鞭をとり、今も鎌倉武士への熱い思いを学生たちに語っている）。

そんな苦い（?）思い出がよみがえったのは、穏やかな海から大庭御厨を連想したためだろうか。大庭御厨は現在の藤沢市から茅ヶ崎市あたりを故地とする荘園である。御厨とはもともと天皇家・朝廷への贄（にえ）を供給するエリアをさしていたが、平安期以後、伊勢神宮の荘園・所領をも御厨とするようになった。大庭御厨の場合、沿岸部の低湿地を開発した大庭氏が伊勢神宮に名目上の寄進をして、成立したわけである。

正月の箱根駅伝でおなじみのように、現在は砂浜と防砂林のすぐそばまで宅地が広がっているが、平安後期までは、沼地や湿地が広がり、潮の干満に合わせ水位や水質が変わる、海と陸のグレーゾーンが横たわっていた。こうした内海の特性を活かすことで、低湿地の一部を開発できたのが大庭氏だったのだろう。

せっかく開発した大庭御厨を寄進してしまうのは、伊勢神宮の名義を得て、保護を受けることにあった。なにやら昨今の「名義貸し」のようだが、中世の荘園での近隣地との係争を避ける常套手段である。さらには収穫物の搬送にも神宮の名義は有効だった。海上をゆく船からの略奪が当然とされ、熊野社や鹿島社、伊豆山権現など、さまざまな寺社勢力がひしめく太平洋沿岸で、伊勢神宮の権威で運送の確実性が高まるのならば、多少の年貢納入は安いものだったのだろう。大庭御厨だけでなく、東海から関東の沿岸部には伊勢神宮の御厨がいくつも成立しており、伊勢のネットワークが太平洋の海上交通に大きなウェイトを占めていたといえるのだ。

「海の武士団」

大庭御厨は立地、発生、経営、いずれも海とのかかわりが深く、領主である大庭氏もまた、海上交通への関与や流通ルートの掌握など、海との関係が濃厚な武士団だと想定されている。天養元年（一一四四）には隣の鎌倉郡に住む源義朝（頼朝の父）から襲撃を受けているが、これも大庭御厨の海上流通機能に目を付けたものとする指摘もあり、武士と海の関係を示すまたとない現場なのだ。

もっとも相模湾沿岸部には、武士が社会集団として争いを繰り広げていく十二世紀から十三世紀にかけて、大庭氏のほかにも、海との関わりを持った武士が数多く存在した。鎌倉郡は義朝の没落後、和田義盛が掌握していたらしく、義盛の三男であった朝比奈義秀は「水練の達者」で、素潜りでサメ三匹を捕まえるダイバーぶりを頼朝に見せつけたエピソードが『吾妻鏡』に書かれている。ここに暮らす武士にとって、海は鍛錬の場でもあったのだ。建暦三年（一二一三）の和田合戦では、和田一族が劣勢になると義秀は大船に乗って安房国に逃げたとされ、和田氏を含む三浦一族は三浦半島と房総半島を結ぶ海上交通に日頃から関与していた可能性が高い。

船で房総に逃げたといえば、石橋山の合戦以後、劣勢になった頼朝も同様であった。頼朝は真鶴半島から船に乗るが、それを手助けしたのが、そこの領主であった土肥実平である。彼もまた、相模湾西部の海上交通にかかわっていたとされている。さらには伊豆半島東海岸の伊東氏や河津氏、天城山系の狩野川流域に居を構えた北条氏も、海との関係性を強調されることが多い。

彼らは、特殊技能者である海の民を海上軍事力として直接・間接に編成し、物流の場である海上にも強い影響力を持っていたものと想定されることから、のちに鎌倉幕府の御家人として全国の沿岸部に所領を獲得していった三浦氏に代表されるように、「海の武士団」と呼ばれることも珍しくない。武士と海との関係性を強調することで、沿岸部に展開した武士が中核となる社会集団を「海の武士団」と表現することには、一面の真理が含まれていると言えよう。

けれども、である。

ゆらゆらと波の上で思索してみると、モヤモヤとした疑念が湧き起こってくる。たしかに、中世前期（平安時代末期〜鎌倉時代）における海とかかわりを持った武士を表すものとして、「海の武士団」という言葉は使い勝手がいい。だがこれを、戦国時代・江戸時代に時間軸を移してみると、とたんに座り心地の悪い言葉になるのだ。この落差はどこから来たのだろう。そしてこれほどの落差があるとすれば、そもそも「海の武士団」という表現に、ある種の先入観が刷り込まれ、正体が見えにくくなっているためではないか。

モヤモヤの正体を見極めるために、この言葉が持つ、使い勝手の良さを簡単に押さえておこう。

武士と海の親和性

中世前期の日本社会は、荘園公領制という重層的な土地の支配構造が展開していた。一つの土地からの収益に対し、何人もの受益者が共存して、権威の高さに応じた上下関係を作り上げ、パイを分け合っていたのである。重層的に設定された、受益者が配分にあずかる権利を「職（しき）」といい、よく知られるように鎌倉武士が全国の荘園に展開していったのも「地頭職」を獲得したことによる。さきほどの大庭御厨も、伊勢神宮に「領家職」を寄進することはつまり、パイの分け前として一部の年貢を納めていたことになる。

重層的な職の頂点は、伊勢神宮のような大寺社や都の天皇家・公家などの権門勢家（けんもんせいけ）によって掌握されていた。中央がガッチリと頂点を握っていることを重視すれば、荘園公領制とはつまり、地方の富を中央に吸い上げるシステムなのである。このシステムを維持するためには、生産の場が確保され、そこからの収益が年貢や商品となり、流通によって中央に届けられるまで、保護・管理されなければならない。ここに介入してくるのが武士である。

服部英雄氏の意欲的な著書（［服部　二〇〇四］）によると、武力を生業とした武士は「武装する総合商社」であり、荘園公領制下のあらゆる利権の場に介入していった。武士というと荘園＝土地に張り付くイメージが先行しているが、それらの生産拠点だけでなく、市場や港湾などの物流拠点にも武士は介入していった。ここには、武士の貪欲さだけでなく、生産の場・流通の場どちらにおいても、富が動く場面では武力が必要とされる社会だったことが示されていよう。

流通の場である海上でも当然、武力による保護・管理は求められる。しかも海ならではの特徴として、潮の流れや季節風、潮回りなど、地元の自然条件を知悉していなければ、そこを流通の場として使いこなすことはできない。そのローカルな特殊技能を持つ海の民を編成し、海上の武力として組織化された側面から、沿岸部に所領を持つ武士が中核となって形成された社会集団を、「海の武士団」と評価することは、おおむね首肯できるだろう。

もっとも、より積極的に、武士は海上交通の支配を目論んでいた、とする指摘もある。日本中世史研究に海という視点を意識的に持ち込み、その重要性を説き続けた歴史家網野善彦氏によるものである。社会史ブームの火付け役であり、文字どおり力強く牽引していった網野氏の描く海を簡単に紹介しておこう。

網野善彦氏の海と「海を志向する武士」

その精力的な研究のなかで、網野氏は海の役割を積極的に評価し、海に関する魅力的な光景を次々に提示していった。

きわめて大雑把に整理すると、網野氏の描いた海は、①海の民論、②海の道論、③「百姓は農民ではない」という三つの要素から成る。まず①海の民論としての「海民」への注目である。網野氏が「非農業民」の一つとして「海民」を想定したことは、「農業以外の生業に主として携わり、山野河海、市・津・泊、道などの場を生活の舞台としている人々、海民・山民をはじめ、商工民、芸能民等々」の一文に明らかで、さらに「海民」を「湖沼河海を問わず水面を主たる生活の場とし、漁業・塩業・水運業・商業から略奪にいたるまでの生業を、なお完全に分化させることなく担っていた人々」（［網野　一九八四］）と定義している。

続く②は、日本各地に残る海民の移動痕跡から、交通の場としての海への注視である。鎌倉期にはすでに日本列島を一周する航路が存在するとの前提に立ち、さまざまな徴証や考古学の事例から流通規模の活発さを導き出し、海の道の太さを説いていく。こうした海を生活の場とする海民と、交通の場となる海の道の存在から、それまで中世日本列島の主役とされてきた「農民」たちを相対化していく視点を打ち出す。それが、有名な③「百姓は農民ではない」というフレーズである。いくたびも繰り返されるこのフレーズは、網野氏自身が「壊れたレコード」と自嘲していたが、「百姓」＝「農民」という固定概念を打ち砕くためには必要な提言であった。

網野氏がこだわり続けた百姓の再検討へと収斂することもあって、海の民への熱い眼差しのもと、そこで描かれる中世の海は、明るい。その海の民を支配する領主層・武士層に対する網野氏の認識は、「海の領主、海の武士団」（［網野　一九九四b］）という小文に、コンパクトにまとめられている。そこでは、多様な生業に従事する「百姓」を支配する領主には、海と関係を持つ〈海の領主〉も多く存在したとして、渡辺党、忽那（くつな）氏、熊野水軍、松浦（まつら）党、安藤（あんどう）氏といった、海域で活動した海の領主たちと、それを支えていた海の民のネットワークを紹介している。

一方で、力点を置いたのは北条氏という政治権力である。海の領主たちに強い関心を持ち、編成していこうとする志向性を顕著に持ったのが、鎌倉幕府の中枢にあった北条氏であった。津軽海峡の安藤氏、南九州から南島にかけての千竈(ちかま)氏をそれぞれ被官として、列島の境界地域を直轄的に支配するだけでなく、石井進氏が明らかにした北条氏一門の守護任国と列島各地の海上交通拠点との一致から、北条氏一門による海上交通支配を専制の大きなねらいであったとする。事実、南北朝動乱期、北条氏の滅亡後に海の領主たちが、こぞって南朝方についてしまうのは、こうした北条氏による海の支配に対する反動なのである、と。

さらにこれを千葉(ちば)氏や三浦氏など他の東国武士にも敷衍(ふえん)し、彼らが「海上での戦闘、交通に強い関心を持っていたのは当然である」として、たとえば、「牧と結びついた海の領主としての特質をもっていた」上総国(かずさのくに)の御家人深堀(ふかぼり)氏について述べる。承久の乱の恩賞地の交換を要求し、肥前国彼杵荘(ひぜんのくにそのぎのしょう)戸町浦(とまちうら)の地頭職を獲得すると、海の民が活動する戸町浦に拠点を置き、戦国時代にいたるまで海の領主として同地に勢力を持ち続けた深堀氏は、網野氏によれば「海を志向した東国武士の一典型」とされるのだ。

まばゆいほどに明るい中世の海という光源に、引き寄せられていく武士という説明は分かりやすく、説得的で、それゆえに大きなインパクトを与えることになった。

明るい海の残像

網野氏は二〇〇四年にこの世を去るまで、啓蒙的な仕掛けとして明るい海を著しつづけた。晩年はブローデルの『地中海』に感銘を受け、日本海を舞台とした内海世界の通史叙述に意欲を持っていたというが、自身に残された時間が少ないことを知り、ついに着手しないまま終わったとされる。内海の歴史的特性を描いた日本海論の完成を見なかったことは大きな損失であるが、晩年の大作『「日本」とは何か』においても、アジア大陸の東辺の「五つの内海」として東シナ海や日本海が取り上げられ、「きわめて古くから人や物が活発に動き、日本列島の社会自体を動かしていた」ことを力強く論じている（[網野　二〇〇〇]）。

しかし一般的に海は、開放的な場であると同時に閉鎖的な場でもあり、人と人との交流をつなぐ側面もあれば隔てる側面もある。気象条件さえ安定していれば、海上交通は簡便に大量の人・モノを輸送できるシステムではあるが、前近代における大規模な海上軍事行動（蒙古襲来、秀吉の朝鮮出兵）がいずれも結果的に失敗したように、軍隊や補給物資を限られた時間内に供給することを、海が阻むこともありうる。航海の成功には、そのエリアの季節風や海況に通じたローカルの情報が不可欠で、それだけに特定の人間関係が必要であった。海民社会にも秩序の階層性を認めるべきであり、階層性が固定的な社会では、そのエリア以外からやってきたヨソモノへの対応も、童話のように、見知らぬエトランゼを丸腰で歓迎するばかりでないことはいうまでもない。

海は地理的な差が大きく、波の高い外海では船体も大型化し、喫水部分が深くなるにつれて着岸できる港湾も限定され、しかも動力を持たない前近代の船の場合、櫓(ろ)で推進するためには漕ぎ手としての労働力(および水や食料)を大量に必要とし、帆走するためには適切な方向と強さの風を待たねばならない。総じていえば、中世の海上交通は沿岸部の地域的特性に左右されやすく、在地で形成された慣習が大きく作用するのだ。内海の領主が、その延長線上に外海をも支配できるようになるとはいえず、まったく畑違いのエリアで従来のままの領主たりえたのかさえ疑問である。北条氏をモデルケースとし、東国武士各氏に敷衍していく海への志向性も、たしかにそうした傾向があるとしても、実際に彼らが自前で海上流通ルートを再編したわけではなく、そのほとんどが既存の流通網に依拠したものであることには注意すべきであろう。最近では中世を通じて、武士による「海上流通の掌握」が当然の前提とされているように思われるが、十分な検証が施されているとはいいがたい。

繰り返すが、網野氏の描く海は明るかった。その明るさに私たちは喝采を送り、心地よく余韻に浸ってきたのだが、一方ではきらめく光源の奥で、少しずつ時代が動いていく過程を見すごしてきたのかもしれない。網野氏の成果を発展的に継承するためにも、いま一度、中世の海と武士の関係を考えてみる必要がある。

「海の武士団」の矛盾

ここでふたたび、「海の武士団」である。

じつは網野氏自身は、「海の武士団」という言葉を使うことには慎重だった。さきの小文では、「とくに海に囲まれ河川の豊かな列島では、早くから河海と関係を持つ領主が多く、海の領主、海の武士団ともいうべき人々の活動が各海域で顕著に見られた。〔〔網野　一九九四b、四九頁〕、傍線黒嶋〕」と、限定されて「海の武士団」の言葉を使っていたのだ。網野氏逝去後に編まれた著作集による索引でも「海の武士団」は二ヵ所しかなく、「海の領主」の十四ヵ所、「海賊」の九十三ヵ所と比べても格段に少ない。著作集には、さきの小文のような一般向けの文章は採録されていないため断言することはできないが、網野氏は「海の武士団」という用語を、かなり控え目に使っていたように思う。

想像するに、「海の武士団」という言葉には本質的な問題があるためであろう。海の民が武士に編成されるのは戦争時に限定される。かといってそれを「海の武士団」としてしまうと、職業的な武士が彼らの大多数だったかのような印象を与えることになる。彼らのなかには、名字を持ち、侍身分を獲得していたものもいたことは確かだが、かといってその集団が「武士団」なのか。これは陸上における武士団にも当てはまることだが、兵農未分離の中世社会において、固定的な「武士団」を措定してしまうことに、そもそもの限界があるともいえる。こうした点から、網野氏は「海を志向する武士」を強調しつつも、「海の武士団」という表現には慎重だったのではないだろうか。

けれども、そのインパクトの大きさのゆえに、明るい海を志向する武士という網野氏の明快な主張が、氏の意図を越えて、「海の武士団」概念の拡散につながってしまったことは否めないであろう。

もともとは松浦党など島嶼・沿岸の小規模な武士たちの集団をさす言葉だったが、海と武士の蜜月状態を表す、便利で使い勝手のいい言葉として多用され始めた結果、その範疇はさらに広がり、海とのかかわりが想定される事例や、陸の「武士団」へのアンチテーゼとしても、意識的に「海の武士団」というフレーズが使われるようにもなった。

既存の「海の武士団」という言葉が、自在に語義を広げていくとき、その概念は拡散して曖昧なものとなる。明るすぎる海という背景に溶け込み、輪郭さえぼやけてしまっているとしたら、これほど使いにくい言葉もないだろう。

戦国時代からの激変

網野氏のように「海を志向する武士」と呼んだとしても、武士が中核となり海上交通への影響力を行使する社会集団という点では、いわゆる「海の武士団」の含意とそれほどの大差はない。しかし言葉の語義とともに気になるのは、時代的な移り変わりのなかで考えてみると、「海を志向する武士」にしろ「海の武士団」にしろ、中世前期の様相とは異なり、戦国から近世への時代の転換点に姿を消していくことである。

たとえば芸予諸島の「海の武士団」として知られる村上氏は、戦国期には「海賊衆」として瀬戸内海西部に影響力を広げつつ、戦国大名毛利氏などに海上の軍事力を提供していたのだが、近世になると一部が船手として萩藩に出仕しただけで、大部分は山奥の領主や廻船業・漁業など「海を志向する武士」とはかけ離れた進路をたどっていった。

たしかに、信長・秀吉・家康による天下統一の過程で、瀬戸内海が政治的激変に見舞われたことも、その一つの理由ではある。

だが同じような状況は、近世の全国各地、まさに津々浦々で展開していた。水軍とも称されるような海上の軍事力を保持していた彼らが、戦国の動乱を経て近世大名となり、近世社会における流通の場としての海にかかわることはなかったのである。武士による「海上流通の掌握」の現場にいちばん身近にいたはずの彼らは、どこに消えてしまったのか。網野氏はそれを、儒教思想などの農本主義の影響を大きく受けた近世幕藩体制の成立によるものと概観するが、私見では、すでに戦国時代から彼らを取り巻く社会状況は激変していたように思われるのだ。

中世から近世へと時代が大きく動いていく戦国時代。列島の各地に戦国大名と呼ばれる地域権力が誕生し、領国の「公儀」として実権を握っていた時代である。荘園公領制の一隅で利権に介入していた時代よりも、武士がはるかに濃密な民衆との関係性を築き、武士を中心とした新たな賦課の仕組みを作り上げていったこの時期。それにもかかわらず、「海を志向」していた武士は、順調に「志向」の度合いを強めていったわけではなかったことになる。

いうまでもなく、中世の海は明るく、近世の海が暗いわけではない。北前船（きたまえぶね）などの廻船は近世社会を支える物流インフラであり、海上交通は依然として活発であった。むしろ航海技術の進歩や治安の安定という点では、より明るさを増していたと言えるだろう。だとすれば、彼らが消えた理由は武士と海の関係性が変化したものと考えざるをえない。それも、社会における武士の役割や、海上流通に対する社会全体の受け入れ方が、大きく変化していったものと考えるほうが自然であろう。その考察のためには、「海を志向する武士」だけでなく、在地の側で「武士を受容する海」の事情を合わせて見ることで、両者の関係性を時代の移り変わりのなかに位置づけていかなくてはならない。

問題の多い「海の武士団」

ここでいったん整理しておこう。中世史研究に海という視点が共有されるとともに「海の武士団」が拡散しがちな言葉となっていき、その「海の武士団」に軸足を置くと、とたんに戦国期から近世へという時代の動きを見通せなくなってしまうのである。さきほど私が波の上で抱いたモヤモヤとは、ざっと説明すると、こんなものだった。

そしてモヤモヤは増殖をする。もし、私たちが「海の武士団」とイメージしてきたものが内実はもっと多様なメンバーによる集団であったのならば、それはどのようなものなのだろう。そしてなぜ、集団としての彼らには武士が含まれていたにもかかわらず、近世社会でも生き続けることができなかったのか。

このように「海の武士団」に疑念を抱くと、新たに見えてくるものがある。いわゆる「海の武士団」概念により、私たちはなんとなく分かった気になっていたのだが、その概念を相対化することで、よりリアルな武士と海の関係性を描くことができるはずである。ならば、躊躇せずにモヤモヤの向こう側に進むべきではないか。

そこには、越えなければならないハードルが二つある。

私たちが「海の武士団」だとイメージしてきたものが、じつは捉えどころのない集団であるならば、そもそも彼らはどのような存在として描かれるべきなのか。これはつまり言葉のハードルとなる。「海の武士団」以外に、彼らを表現する別の方法を探さなければならない。

そしてもう一つのハードルが、史料の乏しさだ。武士と海の関係性を考えようとしたとき、考える材料としての史料の不足は、最大のネックである。この点にも、ある程度の見通しを立てておく必要があるだろう。

広義の「海賊」と呼べるか

まずは表現の問題である。中世の史料をめくっていると、通行者から恐怖の目で見られ「海賊」と呼ばれている人々と、海上流通を妨げる「関」とされ金品の徴収を行っている人々と、大名などの軍事力の一端となって「船手（ふなて）」「警固衆（けいごしゅう）」「水軍」と呼ばれている人々は、じつは同一の集団であることが多い。それに加えて、史料上では「上乗（うわのり）」「警固」「悪党」とさまざまに表現される、要求行為や暴力的な海賊行為も、海の民の多様な生業の一つと捉えるべきである。

では彼らをどう呼べばいいのか。私たちは彼らの一部を「海の武士団」とイメージし、網野氏は

「海を志向する武士団」を強調しつつ、「海の武士団」ではなく、「海賊」の言葉の概念を広げることで中世の海を叙述しようとしていたのだが、同じような検討を別の角度から切り込んだ業績として、対外関係史の到達点を紹介しておこう。

海からの中世史分析という点では、必然的に海を舞台としていた、対外関係史研究が先行していたといえる。網野氏とほぼ同世代の研究者である田中健夫氏は、倭寇への関心から中世の海賊にも鋭い指摘をしている。田中氏は中世の海賊のカテゴリーとして、①海上における盗賊行為一般、②海賊衆と呼ばれる、沿岸・島嶼を根拠地とした武士団（水軍）、③倭寇の三点を挙げている。現在の私たちが「海賊」としてイメージしやすいのは①のみであり、それだけでは中世の海賊の実態とは乖離してしまうことから、①〜③を含みこんで、より広範な「海賊」概念を持つ必要性を田中氏は説かれたのであった（［田中健夫　一九五九］）。

政治権力が分散している中世の日本では、国と国との外交関係だけを追いかけても「対外関係」を論じることはできず、国家間の通交の外側には、より多彩な交易が展開していた。その一例が、国と国との境を越え、略奪と交易を生業としていた倭寇だ。倭寇が中国大陸や朝鮮半島を襲い、甚大な被害をもたらしたことは事実であるが、その暴力的な一面、残虐な一瞬のみでは、集団としての彼らを描き出すことはできないのである。田中氏は中世の海を舞台にした対外関係を考察するために「海賊」概念を広げ、その先に倭寇を位置づけようとしたのである。

田中氏の指摘を受けて、やはり対外関係史家である佐伯弘次氏は「広義の海賊の主要な日常形態は、海の領主も含めた海民である」とする（［佐伯　一九九二］三五頁）。そこに、網野氏の一連の研究が流れ込んでいることは否定できないであろう。このように近年隆盛が続いている中世対外関係史においても、国家間の外交関係だけでなく、海を舞台にした多様な交易や、航路や造船といった海事史への関心が高まっており、そこには網野氏の業績、そして海からの視点を強調した社会史ブームが反映されていると見ることができる。

期せずしてというべきか、共鳴しながらというべきか、網野氏と対外関係史研究者との双方から「海賊」概念を広げる提言が出されていた。「海の武士団」に代わる言葉として、広義の海賊を構想する指摘は大いに蠱惑（こわく）的である。同様の視点から、民俗事例なども踏まえて「海賊は関である」点を強調した金谷匡人氏の名著（［金谷　一九九八］）や、さらには「海賊商人」「海賊大名」など、海賊の語義を広げようとする提言も相次いでいる。

ただ、やはり史料中では、海賊の語がマイナスのイメージ――略奪、暴力、反体制として使われているのも確かなのだ。「広義の海賊」と呼ぶことで彼らを「合法的」とか「公的」な存在だと強調するにしても、それは逆に、同時代のある人間からは確実に「悪」と認識されていた側面を削ぎ落としかねないし、時代背景を踏まえずに体制側がまったく野放しにしていたかのような印象を与えかねない。あるいは史料ごとに「海賊」を善か悪かと腑分けしなければならないとしたら、なおさら包括的な学術用語としては使いにくいだろう。

〈海の勢力〉

中世の沿岸部に展開し、海を通るものたちから収益を上げていた集団を、どのように呼ぶべきか。包摂するかに見えた「海の武士団」は問題が多く、かといって「海賊」もプラスの側面・マイナスの側面をともに盛り込むには偏りのある言葉であるし、「水軍」のような特定の権力者と主従関係を持つ恒常的な軍隊であるかのような言葉も実態とは異なる。どれも一面を言い当ててはいるが、帯に短し襷(たすき)に長し、舌足らずな言葉であることに変わりはない。構成者に即して、網野氏の整理に従えば「海民」とその支配者である「海の領主」による集団とすることもできるが、「海民」や「海の領主」のどちらか一方だけでは、集団の階層性を盛り込むことが難しくなる。

そこで本書では、海の民、海の領主、彼らをまとめて〈海の勢力〉としてみたい。抽象的でしかも陳腐な表現で恐縮だが、時には「海賊」的な行為に手を染めて体制側から「悪」と蔑(さげす)まれることもあれば、権力者側に海上の軍事力を提供して「水軍」としての活動も見せつつ、通行者からは「関」と呼ばれたように、流通という場面で大きな存在感を発揮していた彼らを〈海の勢力〉とする。所詮、「関」も「海賊」も「水軍」も、じつは〈海の勢力〉がその時その時に見せた一側面にすぎないと考えてみるのである。「海の武士団」「海賊」とされた彼らの実像を探るため、ひとまずそれらの言葉から離れ、あえて大雑把に、そして武士以外の多様な人々を取り込んだ集団と捉える試みとして、〈海の勢力〉と呼んでみたい。

中世の海が生み出す富、それも漁業などだけではなく、いわば海上通行者からの徴収を当然の利権とし「所領（収益基盤）」にしていた沿岸部の在地勢力を〈海の勢力〉と位置づけてみると、土地からの上がり（農業生産）を主たる収益基盤としていた武士との差異も見えてくるだろう。収益として年ごとに豊凶の差はあっても、ある程度一定の収益を予測できる農耕と、まさにミズモノである海上流通とでは、そもそもの経済感覚が違ってくるのは当然である。流通にいちばん近い存在だった〈海の勢力〉に注目することで、これまで暗黙の前提とされてきた「海を志向する武士」論にも、流通を下支えする存在として、新たな切り口を提供できるだろう。

しかも土地にまつわる権利は権力者が発給した文書による安堵を必要とするが、海に関する利権は慣習の世界で成り立っていることが多い。ここに、文書による支配を根幹としていた中世の政治権力との付き合い方にも、陸と海での差異が現れる理由があるのではないか。これが史料の量的問題につながってくる。

はずれ者の世界

次なるハードルが、史料の乏しさである。海に関する史料は残りにくく、〈海の勢力〉の探究が容易に進まない最大の理由だ。この点で、数の少なさ自体に言及した、次の笠松宏至氏の発言は注目される。

網野さんのおっしゃる「文明」の世界というのは、今までの世界と重なり合う言葉で言いますと、あくまでも所務沙汰（中世における、主として土地所有に関する訴訟・裁判）の世界なんですよね。その外側に、広大な雑務沙汰（中世における、主として貸借・売買関係などの民事の訴訟・裁判）の世界が形成される。

網野さんのおっしゃる「未開」というのは、今までの言葉でいうと、雑務沙汰の世界として形成されているわけでしょう。

笠松氏と網野氏、佐藤進一氏による、一九九二年の鼎談（ていだん）での発言である（『佐藤・網野・笠松 一九九九』一〇二～一一四頁）。この前後では、制度の外側に広がる海の世界や山の世界など「はずれ者の世界」にもっと目を向けるべきと力説する網野氏に対し、佐藤氏・笠松氏から、史料が少ないことそのものをどう考えるべきかと追い込まれていくシーンが続き、同書中の山場の一つとなっている。紙背文書や襖の下張文書など、本来は捨てられるはずが運良く残った文書に、「はずれ者の世界」を考える素材が出てくる可能性があると網野氏は食い下がるが、鼎談を読むかぎり、そもそも文書が残らないこと自体を問題視している笠松氏の納得は得られていないようだ。「素人考えですが、『はずれ者の世界』は、当然、文書の世界ではない」という発言にそれが見て取れる。

膨大な鎌倉期の文書を残した松浦党の青方（あおかた）氏のような〈海の勢力〉もいることはいるが、そのほとんどが土地所有をめぐる相論（所務沙汰）関係の文書で、海からの収益に関するものになると断片的なものしかない。ならば笠松氏のように、文書の世界の外側に、広大な「はずれ者の世界」が形成されているものと構造的な理解をしたほうが、文書に残らないという点はクリアに説明できよう。

この視点を受けて、文献史料を残した支配制度の外側に、〈海の勢力〉が住む世界を想定してみよう。もちろん、同時代を生きた両者は没交渉的に断絶していたわけでなく、介入・交流・便乗・浸食など、さまざまな付き合いがあったのだ。文献史料に刻まれた微かな断片は、そうした関係の賜物でもある。このように考えていくと、〈海の勢力〉を探るためには、中世の政治権力との関係性をつねに視野に入れなければならないのである。

上からも下からも

複数の政治権力が分散し、それゆえに地域の自浄作用も大きな力を持っていた日本の中世史を考える際、幕府・朝廷など権力者（上）からの目線でも、荘園や村など在地社会（下）からの目線でも、それなりに歴史叙述をすることは可能である。このため、上からか下からかという議論は中世史研究のさまざまな場面で見かけることができるが、さしあたり〈海の勢力〉を考える本書の場合でいえば、海という現場、あるいは沿岸部という在地など下からの一方的な分析だけでは、〈海の勢力〉が変質していく過程を描き出すことは難しいだろう。

日本中世は、武士が政治の表舞台に立って幕府という統治体制を作り上げ、また後期になると地域政権として戦国大名が現れてくるように、武家による政治権力が展開する時期である。政治を担うことになった武士たちは、〈海の勢力〉とどのようにかかわろうとするのか。〈海の勢力〉のなかには名字を持ち侍身分にあったものがおり、さらには領主として力をつけ、勢威を拡大させていくものも現れるが、彼らは武士社会でどのような存在とされていたのか。

むろん、戦争が続く社会と、それなりに安定した社会とでは、〈海の勢力〉の位置づけも異なってくるだろう。海上における船の操縦や、風などの天候、潮汐に関する知識は特殊技能であり、とくに戦時には軍事力の一翼として大きく期待されていたことは疑いない。

しかし、武士による政治権力が社会を統治する側に回ったとき、〈海の勢力〉の存立基盤がそのまま認められていったのかどうかは、まったく別の問題である。いわば〈海の勢力〉との付き合い方が、その政治権力の特質や時代背景を考えるカギともなりうるのだ。

さらに〈海の勢力〉にとって大きな転換点となるのが、戦国期である。日本列島の社会全体が大きく動き、次なる近世幕藩体制へと展開していったこの時は、上か下か、どちらかに偏った視点では片手落ちになる。彼ら〈海の勢力〉が激動の渦に巻き込まれ、ついには姿を消していく時期の本質に迫るためには、上からも下からも、両方からの光を当てることで、その変質していく過程を立体的に描き出していかなければならない。

ナワバリの変質

また、第一章で詳しく見るように、〈海の勢力〉はナワバリを持ち、そこを経由する海上流通に寄生することで、みずからの収益基盤としていた。戦争時における「水軍」行動、日常時における「海賊」行為、どちらもその一面だけを切り取って論じることも可能であるが、〈海の勢力〉として海賊も水軍も海の武士団も一体的に理解するとなると、一部分の切り取りではなく全体像の描写が必要となってくる。それはすなわち、〈海の勢力〉が活躍した中世という時代を、一つのまとまりとして全体像を考えることである。たしかに文字史料は少なく難解なテーマだが、残されたわずかな痕跡によりながら、現時点での展望を描いておく作業は無駄ではないだろう。

その際に重視するのは、ナワバリの問題である。陸上のいわゆる在地領主と、〈海の勢力〉との違いは、拠点を内陸部に置くか沿岸部に置くかの違いしかないように思われるかもしれないが、より本質的な差異として、排他的なナワバリの有無があげられる。つまり海上の通行者たちに経済的に依拠していた〈海の勢力〉の最大の特徴は、ナワバリとの一体性にあるのである。極言してしまえば、ナワバリを盾に、海上通行者からの徴収を当然の生業とすることで、〈海の勢力〉は〈海の勢力〉たりえたのだ。中世社会では、こうしたナワバリによる収取は、ある程度許容されていたことが史料からうかがえるのだが、それではその正当性はどのように説明されるのだろうか。そして、そのナワバリの概念は、近世社会になるとどのように変質していったのか。当然ながら、その変質は、〈海の勢力〉の変質へと連動するものである。

さらに、ナワバリを盾に海上流通に依存している〈海の勢力〉は、すぐれて商業的な存在である。

物流が経済動向の影響を直接に受ける以上、国内の豊作・凶作といった作況から、広くアジアレベルでの好況・不況まで、その時その時の情況に左右されるのが当然である。

中世という時間的なまとまりのなかで、ナワバリが変質していく大きな流れ（大波）と、時々の経済動向（小波）の様子を見据えて、〈海の勢力〉の存在形態が揺れ動いていくさまを考えること、それを本書の課題としたい。

本書の構成

すっかり前置きがながくなってしまったが、そろそろ〈海の勢力〉の具体像を探り、その上で武士と海の関係する現場を見に行くことにしよう。本書の構成をあらかじめ紹介しておくと、まずは第一章で中世の海の様子を簡単に押さえておく。何の予備知識もないまま出発するのは、準備運動もせず真冬の海に飛び込むような暴挙であるからだ。その中世の船旅に、のどかな優雅さはなく、船と陸の接点となる港の風景も明るく賑やかなだけではなかった。〈海の勢力〉も、ナワバリに依ることで時には残虐な一面を見せることもある。そのカラクリとは、どのようなものだったのか。しかもたくさんの人やモノや情報が行きかう港では、それだけに為政者たちも注視せざるをえない。ここでは、〈海の勢力〉の慣習や行動原理と、彼らをめぐる政治体制側の対応から、中世の海について、私なりに整理しておこう。

続く第二章・第三章では、〈海の勢力〉が日本列島の沿岸部で広範に活躍していく時代と、逆に、すたれていく時代を検討しよう。この差異が、中世後期と呼ばれる室町～戦国期の社会全体の変化でもある。これまでにも中世の「水軍」や「海賊」の通史的な展開を検討した業績はあるが、ともすれば地域を限定したものだったり、一々の個別事件を順番に語る傾向が強く、往々にして、時代背景や社会構造の変化にまで十分に説明できていないものも見受けられる。なぜ〈海の勢力〉が重用されることになり、そしてなぜ消えていったのか。そこに「海を志向する武士」という指摘は、どのように位置づけられるのか。これらは中世という全体像のなかで考えていかなくてはならない。

こうした時期ごとの特色を踏まえれば、本書があえて〈海の勢力〉として分析を進めてきた理由を、換言すれば「海賊」「水軍」「海の武士団」という表記と把握の仕方の、どこに問題点を含んでいたのか、あるいは違和感の根源がなんだったのか、明らかになるであろう。とくに「海の武士団」と呼んでしまったときの、そこに内在する自己矛盾（ジレンマ）が見えてくるはずである。

さて、旅立ちである。この旅は各地で〈海の勢力〉が現れ、喧騒が続くことが予想される。ざわめきのなかで方角に迷うことの無いように、羅針盤となる史料は大意を取りながら、落ち着いて読んでいくことにしたい。無事に彼らの姿を追跡できるか心細くもなるが、ここまで来たからには乗りかかった船、前に進むしかないだろう。

それでは、中世の海に向かい、いざ出航！

第一章　港と武力と徳政

1　暴力の港

不運な「唐船」

出航早々に漂着船の事例で申し訳ないのだが、永仁六年（一二九八）といえば鎌倉時代の後期、蒙古襲来という嵐が過ぎ去り、幕府内で北条氏の権勢が日に日に増大していくころにあたる。その北条氏の意をおそらくは受けて、大陸の元と交易をするための「唐船」が、五島列島の海俣から出港した。春夏の南東の風に乗って順調に進むかに見えた航海だったが、まもなく船体が「破損」し、立ち往生してしまう。停泊を余儀なくされたのは日島という小島の沖合であった。

唐船が立ち往生してすぐに、日島の「在津人・百姓等」、つまり日島に住んでいる海の民や偶然居合わせた船乗りたちが「船七艘」で駆けつけてきたかと思うと、あっという間に「御物以下金帛」などの積み荷の多くを持ち去っていったのである。なかには一度ならず二度までも運ぶ者もいたというから、よほど大量の積み荷があったのだろう。すぐに日島以外の島々にもこのニュースは流れ、他の島の海の民たちが集まり、積み荷の運び出しは翌々日まで続いたという。

この事件は「関東御使（幕府からの使者）」として乗り込んでいた、ある禅僧の報告書（永仁六年〔一二九八〕六月二十九日付、関東使者義首座注進状案「青方文書」『鎌倉遺文』一九七二四号）に顚末が詳しく記されている。島々の海の民によって運びとられた積み荷がリストアップされており、そこには砂金や丸金などの金、水銀、銀製品、武具や高級織物といった記載が続く。これがすなわち、「唐船」が日本から大陸に持ち込む予定だった品々であった。いうまでもなくこのリストは、地元の海民たちに積み荷の返還を求めるための証拠書類として作られたものである。

このころ、元と日本との交易は活発で、おそらく同じような商品を積み込んで、何艘もの船が大陸を目指し、東シナ海を渡っていたことだろう（［榎本　二〇一〇］）。そのうちの一艘が、たまたま立ち往生したことで不運にも奇禍に遇い、逆に私たちにとっては運良く、史料に詳細が残ることになったのだ。

寄船慣行

唐船から奪われた積み荷を取り戻すことができたのか、史料は途絶えてしまい明らかではないのだが、ここでは、積み荷を奪った側の目線で考えてみよう。

立ち往生した船に群がって一度ならず二度までも積み荷を運び、他の島々からも略奪をしようと押し寄せてくるさまは、まるで砂糖にたかる蟻のようなたくましさがある。これは中世日本に広く見られた、寄船（よりふね）慣行によるものだ。寄船とは漂着船のこと。船やその積み荷は、漂着した時点で「無主」つまり持ち主のいないものとなり、その土地のものとすることができるのである。史料に残る寄船の例では、その土地の寺社に寄進されるものが多い。よく知られたところでは筑前宗像（ちくぜんむなかた）社の事例があり、葦屋津から新宮浜に打ち上げられた寄船・寄物（漂着物）だけで、宗像本社のみならず末社までの修造費を賄っていたという。

宗像社のような寄船を既得権益としていた寺社などが無い地域では、漂着物はその土地の人々の手に渡ることになる。この前提のもとに、海難に遭遇した漂着船は無主のものであるとして、日島や周囲の島々の海民たちは「唐船」に群がり、その積み荷を自らの獲物とすることを当然の権利と考えたのである。「在津人（港に滞在している人）」とされるような、たまたま日島に寄港していたにすぎない人々まで奪取に参加しているのは、中世に生きた人々にとって寄船慣行が、いかに広く知れ渡った常識であったかを示していよう。船としては、寄船慣行が当たり前だった中世日本において、うかつに海難に遭うことはできない。海難という天災だけでなく、略奪という人災にまで襲われることになるからだ。

港で積み荷が濡れたら

もっとも、どんな船だって海難に遇いたくて遇うわけではない。できうるかぎり万全の準備を整え、天候が安定している（と思われる）時を選び、神仏の加護を必死に祈りながら、目的の港へ向かうのである。では、無事に航海を終え、入港できれば、船はひとまず安泰だったのだろうか。

日本では、船舶は嵐によって港（内）で失われる（ことがある）ばかりか、陸にたどり着いた場合ですら、それらの船舶は港において難破したものとして積荷もろとも没収されてしまうからである。（ルイス・フロイス著、松田毅一・川崎桃太訳、『日本史 十一巻』中央公論社、一一二頁）

戦国時代に来日したルイス・フロイスは、日本の驚くべき風習や文化について、エトランゼの新鮮な視点から興味深い報告をたくさん残しており、これもその一つである。「船舶」が「積荷もろとも没収されてしまう」こともあったのは、さきの寄船慣行によるものである。では、「港において難破したものとして」とは、どのような事態か。

これは、第三章で検討する「廻船式目」（中世後期における海事慣行を書き集めた史料）の第二条に、「港に停泊中の船内に、海水が染み込んで積み荷を濡らした場合、濡れた荷物は干して船頭に返還することになっている（湊懸り（みなとがかり）の船に垢入り、荷物濡れたる物は晞し（かわかし）、船頭にあい渡すべし）」という一文があることによって明らかとなる。すべて木造の船だった当時、完全に防水することは不可能で、船底から海水がしみ込むことは避けがたかった。その海水で濡れてしまった荷物は、港に住む人間にとっては、海水に浸かった物＝漂着物＝無主物であるという難癖をつける行為が一般化していたのだ。せっかく船が無事に入港しても、積み荷が濡れていたら漂着物として没収されかねない。いかに寄船慣行が根強く存在し、船からすれば理不尽なものであっても、寄船と見なされることのリスクが大きく、その言いがかりも常態化していたかが分かる。日島沖で動かなくなった「唐船」に周囲の海の民が群がり、当然の権利として積み荷を運び去ったのは、こうした前提があった。

ゆきかう船を虎視眈々（こしたんたん）とねらう地元の人々。漂着を疑わせるような落ち度を見せないように進む船。中世の航路はスリルと緊張感に満ちたものだったのだ。

妥協の方法

船と地元の接点となる港で、入港するたびに積み荷が没収されていたとしたら、海上流通など成り立たなくなることはいうまでもない。そこで生じた契約として、「津料（つりょう）」と呼ばれる賦課があった。

津料とは、港で、入港した船や、その積み荷に課された賦課である。その具体的な状況は後に見ることにするが、ここでは、船に対し港で徴収された点で、関銭のようなものと理解しておこう。関銭とは、道に設置された関を通るたびに通行者たちが納めた通行料である。中世の関が経済的な関所として説明されているのもこのためで、関と同様に港においても津料が徴収された。

もっとも、史料のなかでは津料という表記は必ずしも一般的ではない。「置石（おきいし）」や「勝載料（しょうさいりょう）」など、各地の港や時期ごとにその呼び名は異なっているのだが、煩雑さを避けるためにも、本書では港で徴収された関銭を津料として、先に進むことにしよう。

さきほどの「廻船式目」第二条では、引用部分に続けて「濡れた荷物は干して船頭に返還することになっている。そのために帆別・碇公事を納めているのだから、守護・大名であっても妨害することはできない（その為帆別・碇公事を仕つるの上は、国主たりといえども違乱あるべからざるの事）」と明記している。「帆別」は中世後期には津々浦々で見られた、帆の大きさ＝船体の大きさに比例して課された賦課。「碇公事」は港の停泊時に課された賦課とされる。いずれも入港時に徴収されたことから、広い意味で津料の一種である。船の側からすれば、津料を納入しているのだから、寄船だとする難癖はつけられないという論理。つまり津料が、船の安全を保障する契約料の意味を持っていたことが明確に示されている。

津料は関税か？

この津料について、辞典類ではしばしば「関税」とか「通行税の一種」と説明されることも多いのだが、これには疑問が残る。

前近代において、税は支配者と被支配者の関係のもとで徴収されるものである。しかし関銭や津料として徴収された全額、あるいはほとんどが、税と呼べるほどに、その土地に関係する権力者の懐へまるまる転がり込んでいたことを示す史料はない。しかも関銭や津料について語る史料の多くが、徴収された側の記したものであるため、徴収された金品の使途を探ることは難しい。

一方で、関銭や津料に幕府や朝廷の関与がうかがえる事例でも、せいぜいのところ、その徴収に対する許可を与えたというものばかりである。徴収のために専任の人員を派遣したわけでもなければ、納入実績を報告・管理するような体制も存在しない。もしかりに、「関税」「通行税」のイメージのように関銭・津料を税として、全額をみずからの財源化することに成功していたのなら、それは立派な安定財源であろう。しかしそれならば、現実の幕府や朝廷といった中世の政治権力が、あれほど慢性的な財源不足に陥ることもなかっただろうと思われるのだが、いかがだろうか。

なかなか確定的なことは言えないが、やはり関銭や津料のすべてを、中世の政治権力が「税」として徴収した賦課であると見るには証拠が足りないようである。もう少しローカルなレベルで徴収されているものと考えられることから、税ではなく、通行者たちに担わされた、広い意味での賦課の一種とするに留めておくべきであろう。

ナワバリと上乗

津料が港において、船の安全を保障する賦課だとすれば、航海の途中、海上においても安全保障が必要となる。それが、上乗と呼ばれるシステムだ。史料をあげよう。

是の日申の時、可忘家利（蒲刈）に到泊す。此の地は群賊の居る所にて王令及ばず、統属なき故に護送船もまたなし。衆皆疑い懼（おそ）る。適たま日暮れて過ぎ帰（ゆ）くを得ず、賊家を望みて船を泊せり。其の地に東西の海賊あり。東より来る船は、東賊一人を載せ来れば、則ち西賊害せず。西より来る船は、西賊一人を載せ来れば、則ち東賊害せず。故に宗金、銭七貫を給いて東賊一人を買い載せ来る

（宋希璟著・村井章介校注『老松堂日本行録』〈岩波書店、一九八七年〉一六二節）

これも著名な史料で、第二章で取り上げることになる、一四二〇（応永二十七）年に来日した朝鮮使節がまとめた道中記『老松堂日本行録（ろうしょうどうにほんこうろく）』の一節である。使節団が京都からの帰路、瀬戸内海を西に向けて進む途中に安芸国蒲刈（あきのくにかまがり）の沖合を通過するときの体験として「この地には東西の海賊がいる。東から西に向かう船は、東の海賊を一人乗せていれば、西の海賊は船を襲わない。同様に、西から東に向かう船は、西の海賊を一人乗せていれば、東の海賊は船を襲わない」という慣習が記されている。海賊＝〈海の勢力〉には自身が主張する海のエリア（ナワバリ）があり、そこを通過する船に対して、暴力による襲撃や強制的な金品の要求が可能である一方、その災厄を逃れるシステムとして上乗があった。表向きには、現場の海況に通じていない他所から来た船は、潮流や海底の地形で難破しかねず、そのためには水先案内人を同乗させるべきである、という論理なのだろう。この場合「東西の海賊」は協調して、それぞれのメンバーを乗せた船に対しては襲撃を控えることになっていたのである。もっとも、上乗を雇うためには定められた金額が要求され、ここでは朝鮮使節は上乗一人を依頼するために「銭七貫」（現在だと約五十万〜七十万円ほど）を支払っている。

その金額が妥当かどうか、上乗により獲得できる船の安全保障の範囲にもよる。このころ、ほかのエリアでは室町幕府の守護や九州探題による警固が実現できているので、上乗は幕府支配が手薄となっている蒲刈沖合、たかだか数時間ほどの航路のために雇われたものである。数十人から百人以上が乗り込む使節団の無事のため替えがたい必要経費だったとはいえ、割高な印象はぬぐいきれない。これが〈海の勢力〉の収入源になっていたことはいうまでもないだろう。

ヒラヒラ

〈海の勢力〉のメンバーを買い上げて同乗させる上乗というシステムは、航路が発達しているエリアでは広く見られた慣習であった。これが、条件の安定した航路で水先案内の必要がないようなエリアでは簡略化されることもあり、人間ではなく旗が代用された例もある。

> 当堅田（中略）上下ノ船ニ海賊ヲカクルナリ、浦々ノ船モ通リカネテ、堅田ニヨキ縁ヲ一人ヅヽ想定モテ、舟ノヘサキ旗印ノゴトクヒラ〳〵ヲサシアゲテ、「ソンヂヤウソコヘ参ル舟」ト理テ通レバ、相違ナクスル〳〵ト通ス（下略）
>
> （「本福寺跡書」〈笠原一男ら編『日本思想大系　蓮如　一向一揆』岩波書店〉）

海ではなく湖になるが、琵琶湖の港湾都市である堅田（かたた）を拠点としていた堅田衆も、湖の勢力として大きな存在感を持っていた。堅田衆が湖を通る船に海賊行為をしていたため、通りかねた船は堅田衆と人的関係を築き、船の先に旗を掲げることで無事に航行することができたとする。

ここでは明記されていないが、堅田衆との「ヨキ縁」構築のためには、なにがしかの金品の授受があったことは動かしがたい。旗は堅田衆に金品を納めた見返りなのであり、この旗により、堅田衆のナワバリにおいて安全保障を受けることができる仕組みは、まさに上乗と同一のものである。この旗は一般に「過所旗（かしょき）」と呼ばれている。後に見るが、過所旗にも権力者から船に与えられたものと、堅田衆の旗のように現地の〈海の勢力〉が船に与えたものとがあるが、ともに船の安全を保障するためのものである。戦国期には瀬戸内海西部で大きな影響力を持った村上氏も、過所旗を用いていた。

中世史料では堅田衆は「関」と表現される。また、海賊もふつう「関」と呼ばれていた（［金谷一九九八］）。固定された建造物でなくとも、交通の要衝に拠点を置き、流通業者たちから金品を徴収するその仕組みは、まさしく「関」であり、〈海の勢力〉の本質を的確に表した言葉であるといえるだろう。

ローカル・リスペクト

津料、上乗、過所旗と、中世の航海にまつわる慣習を取り上げてきたが、いずれも船が安全に航行するために、港や地域を通過するに際して、その経由地と契約してきた妥協の作法であるとすることができる。航路上で経由する港や地域はどれもナワバリであり、航行する船はナワバリを無事に通過する手段として、津料、上乗、過所旗といった金品を納める方法から、選択を迫られるのである。

こうしたナワバリに依拠しているのが、〈海の勢力〉である。見方を変えれば、ナワバリを航行する船があるかぎり、それが暴力的な襲撃か交渉による金品の授与かの差異はあっても、〈海の勢力〉には何らかの利益が転がり込んでくることになるのだ。

そんなに面倒な航路なら、夜陰に紛れて猛スピードで駆け抜けるとか、あるいは別の航路、いっそのこと沿岸から遠く離れて沖合の航路を選べばいいのに……。現代人の私たちはそう考えてしまいがちだ。しかし、燃料による人工の動力を持たずレーダーもＧＰＳもない中世の船は、風の力で帆走するか何人もの水手たちが漕いで進むしかなく、高い山など海から見た陸の地形を頼りに自身の位置や方角を確かめていく航法を取らざるをえない。陸の地形が見えるということは、陸からも船が見えているのであり、航海できる時間も地形を視認できる日中の明るい時間に限定される。しかも沿岸部だけに浅い海底も多く、うっかり立ち往生などしようものなら、寄船として沿岸部の海の民があっという間に略奪に来る。それならば、その土地の慣習に従いつつ、多少の出費を惜しまずに航海をしたほうがはるかに安全である。こうして、他所から来た船は、その土地のローカル・ルールの尊重を求められることになるのだ。

このローカル・リスペクト、じつは、サーフィンの世界では常識というか、基本のキといえる用語で、サーフィンを始めるビギナーが遵守すべきルールとして最初に徹底して教え込まれる。いわく、海ではそのポイントに住んでいるローカル・サーファーが優先権を持つ。彼らはポイントの地形や海況に精通し、環境保全や人命救助にも献身的な努力をしているのだから、他所から来たビジターがローカルを軽視するのはサーファーとして恥ずべき行為である、というものだ。

ローカルはリスペクトする。この暗黙の了解が、ローカルとしての中世の〈海の勢力〉と、ビジターとしての船の間にも展開していたことは間違いないだろう。だがしかし、それが純粋な尊重ではなかったことは、次に見る史料「今川仮名目録」から明らかとなる。

ローカルとビジター

中世におけるローカルとビジターの関係を探るとき、その恰好の素材となるのが、駿河の戦国大名今川(いまがわ)氏が自分の領国に出した分国法「今川仮名目録」の次の部分である。

（『中世法制史料集　第三巻　武家家法Ⅰ』）

史料「今川仮名目録」

一、（二十四条）駿遠両国津料、又遠の駄之口の事、停止之上、及異儀輩ハ、可処罪過、

一、（二十五条）国質をとる事、当職と当奉行にことハらす、為私とるの輩ハ、可処罪過也、

一、（二十六条）駿遠両国浦々寄船之事、不及違乱船主に返へし、若船主なくハ、其時にあたりて、及大破寺社の修理によすへき也、

「今川仮名目録」の成立は大永六年（一五二六）と時期も早く、内容的にも地域における統治者としての姿勢を鮮明にしていることから、戦国大名による分国法のモデルケースとして高く評価されている。全体は三十を超える条文から構成されており、このうち二十四条から二十六条を引用した。二十四条で今川氏は津料の停止を定めている。大意は「駿河・遠江両国での津料の徴収、遠江での陸上交通に賦課されている関銭『駄之口』は停止する。違反したものは罪科に処す」だが、今川領国でこの後、恒常的な港での賦課として「帆役・湊役・出入之役」が存在した史料があるため、ここで停止されている津料とは、地域権力としての今川氏が関知しない私的な徴収なのであろう。

ひとつ飛ばして二十六条では、「駿河・遠江両国の沿岸部での寄船はちゃんと船主に返すこと。も

し船主が不在なら、その時に修理が必要な寺社の修造費用に充てること」とあり、船主がいる漂着船の保護と、船主不在の漂着船の寺社への寄付を明記している。これはつまり、地元の〈海の勢力〉が、勝手に漂着船を処分する権利を禁じたもので、そこに漂着船であると言いがかりをつけた襲撃も含まれていたことはいうまでもない。

国質とは

私的な津料の禁止と、地元の勝手な寄船処分の禁止、この二つに挟まれた二十五条は国質(くにじち)に関する法令である。「国質を取ることについて、今川家の担当部署や担当奉行人の許可を得ず、私的に取るものは罪科に処す」というものだ。

「国質とは、債権・債務関係において、債務者が債権者の負債返還要求に応じなかった際、債権者がその損害賠償を求めて、債務者の同国人又は同国人の財産を私的に差し押さえる行為（『勝俣　一九七九』四九頁）」である。たとえば、X国のAさんが、Y国のBさんに金を貸したとしよう。ところがBさんはAさんへの借金を踏み倒してしまう。仕方なくAさんは、同じY国に住むCさんに返還を求め、借金のカタにCさんの家財を差し押さえてしまう。これが国質である。

たまたま同じY国に住んでいただけで、自分はまったく罪を犯していないCさんには同情してしまうが、現代人からすれば無茶苦茶であっても、これは日本の中世で広く見られた慣行なのである。しかも国質を行う単位は、村単位のこともあれば、国単位の例もあり、案件も借金のようなささやかな民事から、襲撃・略奪・戦争といった大きな人的被害を招くものもある。そして国質の前提には「報復の対象としての郷・国なる政治的社会的結合の相互関係における強い一体感の意識（［勝俣　一九七九］五一頁）」があった。さきほどの例でいえば、X国、Y国、それぞれに構成メンバーの間での「強い一体感」があり、国質による報復もやむなしとしていたのである。

それは戦国大名今川氏も同様で、分国法で国質を全面的に禁止したわけではない。あくまでも領国統治にあたる地域権力者としての今川氏が、自身が関与しない私的な国質の禁止を明記したにすぎず、つまりこれは、今川氏のもとに届け出てさえいれば、そのまま国質を取ることができたことになる。

分国法の配列

戦国大名の分国法は、地域権力として立ち現れた大名の統治者としての姿を垣間見ることができる素材で、とても興味深い史料である。条文形式で記されているため、私たちはついつい各条ごとに検討を加えがちであるが、じつは分国法の各条は関連するものがまとまりをなし、テーマごとのユニットとして配列されていることが多い。

念のため「今川仮名目録」引用部分前後の条を見ておくと、二十二条・二十三条では守護不入権（今川氏の直接介入を拒否できる権限）に関する規定、二十七条は河の流木取得の規定（これは二十六条の寄船に関する付帯条項であろう）、二十八・二十九条は仏教寺院の宗論や譲渡に関する規定となっており、テーマの関連性からいっても、二十四〜二十六条の引用部分が一つのまとまりをもつユニットとして配されていたことが分かる。

では、引用した条文、私的な津料の停止（二十四条）、私的な国質の禁止（二十五条）、寄船処分権の否定（二十六条）の各条に共通するテーマとは何か。それは、今川氏が禁じようとしたこと＝当時の社会で一般的に見られた状況として敷衍させれば導き出せるだろう。

それぞれの場所で、港ごとの津料が統制もなくバラバラに設定されていれば、他所から来る船にとっては大きな障害となる。また、私的な国質を恣意的に横行させてしまえば、自領と他領の交流を阻害することは明らかである。寄船についても、地元の〈海の勢力〉が、つねに寄船と言いがかりをつけて略奪を働くようでは、他国からの船が今川領の沿岸を通ることすら忌避するようになる。

ここに立ち現れてくるのは、地元を同じくする自者（ローカル）と、他所からやって来る他者（ヨソモノ）との、抜き差しならない関係である。

ヨソモノへのアレルギー

さきに国質について見た際に、その前提には、同郷・同国といった出自を同じくすることへの「強い一体感」があると説明されていた。この「一体感」とは、裏を返せば、それ以外の他者（ヨソモノ）に対する抵抗・差別・拒絶といったマイナスの感情が、根強く存在していたことの証左となる。

むろんそれは今川領国だけではない。国質にしろ寄船にしろ、中世の日本では広く全国的に分布していた社会慣習であった。つまり、中世日本の人々は、〈ヨソモノを訝る心情〉を共有し、潜在的に植え付けられていたということになる。自分の住むエリアを地元（ローカル）と認識し、それ以外とを峻別する意識。そして、外からやって来る他者に対しての厳しい眼差し。ヨソモノはつねに訝しげな視線にさらされるのである。

それゆえに、ヨソモノは金品を差し出すことで自分の身を守る契約を結び、こうした妥協の作法も各地に展開することになったのだ。陸路をゆくヨソモノは関や警固を要する場所で関銭・警固料を支払い、海路をゆくヨソモノは港や警固を要する場所で津料や上乗の警固料を支払う。それによって、通過する各地における〈ヨソモノを訝る心情〉を和らげていかなければ、ヨソモノは目的地への移動もままならないのである。ナワバリを盾に取った通行料が、しばしば史料上で「礼銭」「礼物」と称されるのも、たしかに後述する手向けの要素もあるとはいえ、負い目のあるヨソモノはナワバリに「礼」を強要されるものとすると納得がいく。

このように〈ヨソモノを訝る心情〉を念頭に置くと、関銭や津料、上乗や警固料、そして国質・寄船という社会慣習を一連のものとして整理することができるだろう。

中世後期は日本各地で地域が自立化を遂げていく時期である。その過程では、〈ヨソモノを訝る心情〉と、それに基づく国質や寄船、津料といったヨソモノに負担を強いる慣習は、どんどんとエスカレートしがちだ。しかしそれは、流通の障害となり、結果的に地域経済の疲弊を招くことになる。戦国大名今川氏は領国統治のために、そうしたローカルの自立の動きに一定の制限を加えなければならなかったのである。こうした戦国期の状況は第三章で詳しく見ることとして、〈海の勢力〉に話を戻し、彼らがヨソモノを迎えたときに、どのように対処していたのか、その様子を紹介しよう。

ヨソモノの対処

寛元元年（一二四三）、肥前国松浦から宋を目指して出航した船が風にあおられて「流球国」に漂着し、翌年には帰国するまでの顛末を記した「漂到流球国記」という史料がある。当時の日本にとって「流球」は文字どおり異国であり、「人ならざる者」が住む恐ろしい国としてイメージされていた。当然、漂着地が「流球」であることを知った乗船者たちは、「鬼国」に着いたことに絶望し、みずからの悲運を嘆き悲しむのであるが、これはどうやら平安時代の天台僧円珍が入唐の途中にやはり「流球」に漂着した説話を踏まえているようで、宗教的な文脈からの脚色をうかがわせる部分もある。

巻末の絵画には襲いかかる「流球」人が描かれており、これだけでも面白い研究素材であるが、ここで注目したいのは、漂着船が現れたときの人々の対応の仕方である。たしかに舞台は「流球国」ではあっても、南西諸島が古代から日本と大陸を結ぶルートの一つだったことはいうまでもなく、海上交通という人的つながりで結びつけられていることから、「流球」の〈海の勢力〉がヨソモノの船を対処する作法も、日本の〈海の勢力〉と共通する部分が含まれていた可能性は高いといえるだろう。

史料によると、一行が「流球」と思しき島に漂着したのが九月十七日。本格的に「流球」人と接触するのは二十一日のことである。まず赤い装束をまとった「将軍」を乗せた船など二、三艘が現れたかと思うと、またたく間に「十余艘」に増え、しかも各船に乗り込んだ「十余人」が皆「鉾楯（ほこたて）」「弓矢」で武装していたのである。彼らが放った矢は雨のように降り注ぎ、楯を持ったまま泳いで接近する者もあったという。

翌日、彼らは和平の意を示してきた。漂着船が武装を解くのを確認すると、彼らは接近し「衣服」と「飲食」を求めたため、紺の帷子（かたびら）と米を与えると非常に喜び、返礼として芋と「紫の苔」を贈ってきた。その後も早朝・日中・夕方の三回、彼らは近づいて「諍い戦」った。二十三日、漂着船は順風が吹いたことで出発を決断、「流球」の「船三十余艘」が猛追してきて「諍い戦」ったが、必死に振り切って、どうにか宋にたどり着いたのであった（以上、「漂到流球国記」『図書寮叢刊　伏見宮家九条家旧蔵諸寺縁起集』）。

この史料から「流球」の〈海の勢力〉が、「将軍」のもとに階層性を持った組織体であること、スピードの早い船「三十余艘」以上を編成していたこと、泳ぎが得意で「弓矢」による戦闘に長けていたことが分かる。接近戦に持ち込めない海上では、刀剣は使い勝手が悪かったためであろう。

さらに言葉と武力による戦いを経て、彼らは「衣服」「飲食」を要求する。「平家物語」でも、鬼界が島に流された俊寛（しゅんかん）を追う弟子有王（ありおう）が薩摩の「船津」で衣服を剝ぎ取られるシーンがあるが、これをナワバリに入ったヨソモノに対するローカルの要求とすれば、まさに津料そのものなのである。ただし一方的な要求でなく、「流球」から芋などが提供されていることから、津料と引きかえに、船の滞在中における水や食料は供給されるルールがあったのではないだろうか。一日に三回、彼らが近づいてくるのも、そのためであろう。

〈海の勢力〉とヨソモノ

このように異国の野蛮人として描かれている「漂到流球国記」の〈海の勢力〉にも、一定の作法らしきものが行動規範になっていることが規定できたわけだが、それは次の説話により、日本の〈海の勢力〉の作法と重ね合わせることで、より鮮明となる。

橘成季（たちばなのなりすえ）が建長六年（一二五四）に著した説話集『古今著聞集』には、熊野三山の行快（ぎょうかい）という弓の名手が、熊野への年貢米輸送船に乗って伊勢湾を渡る途中、海賊に襲われた話が収められている。海賊は「御米まいらせよ（ナワバリの通行料として積み荷の米をよこせ）」、と要求してきた。行快が、熊野へ納める米だから賊どもが通行料を取れる積み荷ではない、と撥（は）ねつけると、海賊は、「熊野の御米と見ればこそ、左右なくはとどめね、しからずは、かくまで詞にていひてんや（熊野へ納める米と知ったうえで、平和的に通行料を取ろうとしたのだ。そうでなければ、口より先に手を出して力ずくで奪っている！）」というと、海賊たちは「言葉たゝかひ」を済ませるやいなや、またたく間に武装して行快の船に攻撃を仕掛けてきた。しかし行快は弓の名手。あっという間に形勢は逆転して、海賊たちは逃げ帰ったという。

ここでも〈海の勢力〉の武力は弓矢で発揮されている。戦闘の前に詞戦いが行われるのは中世の合戦の作法であるが、口頭での要求、詞戦い、実戦と段階を踏む作法は、「漂到流球国記」にも見えており、〈海の勢力〉による一般的な行動パターンだったのだろう。

彼らが要求したのはナワバリの通行料である。ナワバリに住む者以外をヨソモノとするとき、通行者であるヨソモノは通行料を納めなければならない。だが、通行料を徴収する正当性は、慣習的なものにすぎなかった。〈海の勢力〉がナワバリに依拠して、通行者からの徴収を当然の前提としていたことを示す一例だが、しかし行快は熊野への年貢は通行料免除だと言いはり、海賊たちは熊野への年貢だから通行料納入で勘弁してやろうという。行快が「定めて熊野だちの奴原」と看破していることから、海賊も熊野に仕える神人(じにん)集団の一角だった。両者ともに熊野の関係者であり、最終的には行快の武力で決着を付けざるを得なかったということは、熊野の権威によって通行料免除となるか、熊野の権威によってナワバリが保護されているか、どちらも正当性としては完全なものではなかったことを意味する(〔勝俣 一九九六〕)。

中世社会におけるローカルとヨソモノの関係。そして、その正当性の根源となるナワバリという慣習と、それに対する権威の相克。これこそが〈海の勢力〉を理解するために避けて通れない課題なのである。この点をもう少し詳しく掘り下げてみよう。

2　政治権力と関

関の乱立

中世社会に存在した、ローカルとビジターという厳然たる区分に注目し、その底に流れているヨソモノへのアレルギーから、ヨソモノへの直接的な略奪として寄船を位置づけ、関銭や津料、上乗や警固といった船に関する契約の必要性を妥協の作法として考えてみた。地域が自立化の動きを強めていく中世後期になると、このローカルとビジターの区別がさらに明確になっていくようになる。

たとえば、さきほど述べた国質の事例が増えていくことも同じ文脈であるが、より一般的に知られている現象に、関の乱立がある。室町時代になると各地に関が設置されていったという、日本史の教科書などでおなじみの記述である。関は、通行者から金品を徴収する仕掛けであり、集められた関銭のなかには、「権門（けんもん）」とよばれた朝廷・貴族や幕府、寺社勢力などに上納されるものもあり、彼らの貴重な収入源となった、というものだ。

学生時代の私は「そんなに関ばっかり作られたら、のんきに旅行もできないなぁ」などと聞き流していたのだが、関の役割と、〈海の勢力〉の本質には共通性がある。同じように入港してきた船から津料を徴収する港も、通過する船から上乗や警固料として金品を徴収する海の勢力も、通行者から見れば「関」なのである。つまり、〈海の勢力〉の成り立ちや経済的な基盤を考えるためには、関の検証は外せないのだ（［金谷　一九九八］）。

通行者から金品を徴収する関の設置と、その機能をめぐっては、たやすく収入を増やそうとした権門勢家によるものとされ、経済的な側面から指摘されることが多い。だが一方では、関銭の起源を初穂という手向けに求める説も出されている。二つの学説を検討してみよう。

経済関論と初穂論

数ある中世の関についての基本文献のなかでも、まず筆頭にあげられるのは相田二郎氏の『中世の関所』である（［相田　一九四三］）。古く戦中に著された研究書であるにもかかわらず、関にまつわる事例を広く収集したうえで体系的な検証を施しており、今なお価値を失っていない。もっとも相田氏が、通行者から金品を徴収する経済現象に着目して広く史料を収集したため、中世の関＝経済的な関であるとする方向性を与えてしまったことは否定できない。しかも同書のなかで紹介された関銭の呼称事例は三十種類を越えており、それらをすべて「経済的関所」として包括した把握が可能なのか、個々の徴収実態を踏まえた具体的な検証はあまり進んでいないといえる。

中世の関は経済的な収益を上げるための装置であるという見方が強く出された一方で、関銭を納める行為について、その起源を初穂に求める見解が、網野善彦氏や勝俣鎮夫氏によって提示された。初穂とは、その年に初めて収穫（収獲）された自然の恵みを神に捧げ奉納すること。道行く旅人は峠や境で、その土地の神々に手向けとして初穂を納め、これが関銭の起源であるとするものだ〔網野一九九〇〕〔勝俣　一九九六〕。

この「関銭＝初穂」説は関の本質を探るうえで非常に興味深い論点を含み、関の起源論としては説得的なものとなっているが、網野氏自身「もとより関銭のすべてを初穂ということはできない」としているように〔網野　一九八七〕三六二頁）、中世の日本各地に設置された関所において徴収されていた関銭について、その正当性をすべて「神への手向け」で説明可能とするまでには至らず、なお仮説に止まっていると言わざるをえない。

中世の関については、この「経済関」説と「初穂徴収」説がうまく融合しないまま、並立している状況にあるのである。それならば具体的な史料から、港における関銭＝津料徴収の光景を確認してみるしかないであろう。

港の光景①東の和賀江島

まずは、東の代表的な港である鎌倉の和賀江島（わかえじま）である。ここは貞永元年（一二三二）に、由比ガ浜の東側、砂浜が終わって飯島岬となる沖合に築かれた人工島で、現存するものでは最古の港湾遺跡である。現在、海水が満ちてくると沈んでしまうが、干潮時には姿を現す。少し前までは陶磁器の破片を大量に拾うことができたといい、都市鎌倉と海の航路を結ぶ拠点となった和賀江島は、鎌倉にとって海からの入り口でもあった。対岸に材木座の地名が残ることからも分かるように、和賀江島とその周辺は、物流拠点として、さまざまな人や物が行き交う商業エリアとして賑わっていたことが推測される。

その和賀江島は、どのように管理されていたのだろうか。

史料　足利尊氏御内書写　（「古今消息集」『大日本史料　六編之十二』貞和五年二月十一日条）

飯島敷地升米并島築、及前浜殺生禁断等事、如元有御管領、云島築興業、云殺生禁断、可被致厳密沙汰、殊於禁断事者、為天下安全・寿算長遠也、任忍性菩薩之例、可有其沙汰候、恐々謹言、

貞和五年（一三四九）二月十一日　尊氏判

極楽寺長老

史料にある「飯島」とは和賀江島の別称である。続く「敷地」には辞書類に「道路、堤防、河川などに使ったりするための一定区域の土地」との意味もあることから、和賀江島の港湾施設を指すと考えられる。和賀江島に入港した船に「升米（しょうまい）」「島築」という二種類の賦課が課されており、これが港で徴収された津料であると考えられる。この津料は文書の宛先である極楽寺（鎌倉にある真言律宗寺院）のもとに納められていた。それと引き換えに、極楽寺は「島築興業」つまり港湾の維持管理にあたっていたのである。文書そのものは室町時代初期に足利尊氏が出したものであるが、文中で極楽寺の開山となった忍性（にんしょう）の先例を挙げていることから、鎌倉中期から和賀江島の管理は極楽寺が行い、津料の徴収にあたっていたとすることができる。

港の光景②西の兵庫津

次は西の兵庫(ひょうご)津である。古代には大輪田泊(おおわだのとまり)と呼ばれていた兵庫津は、畿内の外港として繁栄した海上交通の拠点である。平清盛もここを拠点に国内外の貿易拠点とするべく、近くの福原京に遷都したことはよく知られている。鎌倉後期の様子を次の史料から見てみよう。

史料　伏見上皇院宣案　（「内閣文庫蔵摂津国古文書」『鎌倉遺文』二三四九四号）

摂津国兵庫経島升米事、永代所被寄附東大寺八幡宮也、於島修固者、寺家致其沙汰、以余剰可為顕蜜(密)御願之料所、然者、西国往反之船、不論神社仏寺権門勢家領土貢、云上船石別升米、云下船置石、任先例、可致其沙汰之由、可有御下知之由、院御気色所候也、仍言上如件、

延慶元(一三〇八)年十二月廿七日　　経親奉

進上　東大寺別当僧正御房

追言上、雑船事、任傍例、可致沙汰之由、同可有御下知、

この史料によれば、兵庫津の維持管理を行い、その見返りとして津料徴収を認められていたのは、奈良の東大寺である。その津料には二種類あった。「上船」つまり畿内へ上る船には積み荷ごとに「石別升米」という賦課が、「下船」とされた西へ帰る船には「置石」という賦課がそれぞれ課せられていたのだ。ふつう畿内へ向かう船は京や奈良の「権門勢家（＝荘園領主）」への「土貢（＝年貢）」輸送船であり、年貢と、それ以外の商品など輸送品に対しては津料の基準額が異なっていた。しかし

ここでは、「西国往反之船、不論神社仏寺権門勢家領土貢」とあることから、瀬戸内海を航行して兵庫津に入港する船は、その積み荷が荘園領主への年貢であっても、一律に津料を徴収することが明記されている。するとここでの「上船」「下船」は積み荷の有無を指した可能性が高く、「升米」は積み荷に対する賦課、「置石」は積み荷ではなく船体に対する賦課だと考えられる。

津料の二類型と徴収担当者

東の和賀江島、西の兵庫津と、ともに鎌倉時代を代表する大都市を支えた流通インフラである港湾において、徴収されていた津料と、その担当者について確認することができた。二種類ある津料のうち、升米は一致し、和賀江島の港湾修築のための島築も、やはり土木事業を意味した置石と類似することから、ともに港湾修築のために船体にかけられた賦課と見ることができる。二大港湾において、積み荷に懸かる升米と船体に懸かる置石（島築）という共通した賦課が確認できるのである。

和賀江島と兵庫津に共通した二つの賦課、すなわち①船荷への賦課と②船体への賦課を、ひとまず津料の基本形とすることができるのではないだろうか。むろん、全国津々浦々の地域ごとに津料賦課の基準額は異なるであろうし、それぞれ独特の呼称が生じていたことだろう。だがそうしたヴァリエーションがありつつも、この例に則して見れば、津料として徴収されるものは①船荷への賦課と②船体への賦課という二つの類型にまとめることができ、ひとまずこれを津料の基本形として措定することができるだろう。

津料の基本形をこのように考えた場合、津料を関銭として、在所の神への「手向け」とする「関銭＝初穂」説をそのまま当てはめることは難しくなる。この例による限り、鎌倉の極楽寺・奈良の東大寺ともに港湾の維持管理を行い、その代償として津料徴収を認められているのであり、飯島・兵庫津で徴収された升米・置石（島築）が、即座に極楽寺・東大寺への「手向け」を意味しないことは明らかである。しかも津料の二類型のうち、置石（島築）という呼称には港湾施設維持費としての意味合いが強く、港湾管理の代価、入港・着岸に伴う港湾使用料としての性格が前面に出ているのである。この点からすれば、やはり関銭を初穂とする説は、その起源論として大変魅力的であるが、必ずしも中世社会の実態には即していないようだ。

ローカルとビジターへ

しかし、船の側が津料を支払った理由を探そうとなると、「経済的関所」説でも十分な回答は求めにくい。そもそも「経済的関所」説は、関所から収入を得た領主の視点に立った見解であり、通行料徴収の正当性までは説得的な理由が提示されていないのが実情である。和賀江島の極楽寺も、兵庫津の東大寺も、港湾の維持管理者であるがゆえに津料徴収を許された存在にすぎず、そもそもの港湾使用料としての津料が成立する事情を探るためには、関の起源論として「関銭＝初穂」説を踏まえながらも、新たな視点が必要である。

そこで強調したいのは、前述のローカルとビジターという見方である。

中世社会の人々が植え付けられていたヨソモノへのアレルギー。これが暴発すれば国質や寄船の言いがかりといった強硬手段を正当化しかねない。例として鎌倉前期の渡辺津の状況を見ておこう。淀川水運と大阪湾内海海運とを結びつける渡辺津は、西日本各地から京に運ばれる年貢や商品が集積する物流拠点であった。この時、渡辺津では渡辺氏と遠藤氏という二つの〈海の勢力〉が抗争し、実力行使によるトラブルが頻発していた。このため、〈海の勢力〉が「入海（漂着物）」と主張したり、「負累（金品を借りたカタ）」だと言いがかりをつけ、入港した船が積んでいる各地からの「運上物」を「点定（私的な差し押さえ）」をする暴挙が常態化していたのである（文暦二年〔一二三五〕五月二十三日付、関東御教書「新編追加」『鎌倉遺文』四七六一号）。〈海の勢力〉の対立による治安の悪さが事態を激化させたとはいえ、たやすく寄船の言いがかりをつけられるように、ヨソモノである入港船は相対的に立場が弱く、入港した時点で負債が発生するような「負」を背負う存在であることが分かる。

港を支配する〈海の勢力〉からの、ローカルの論理による自分本位の要求。それを回避し、安全保障を求める代償として入港した船は津料を納めるのである。この時、津料は港湾の施設使用料であるとともに、入港した船の契約料という性格を持つようになる。事実、津料を徴収していた和賀江島の極楽寺も兵庫津の東大寺も、港湾の施設維持と治安の管理を担わされていた寺院であった。鎌倉や京都など大都市のインフラである港湾では、津料の徴収は広い意味での港と都市の平和を担うために、寺という宗教的社会集団に託されることになるのである。集められた津料は全額が寺院の収益となったわけではなく、一部は地元での祭祀や年中行事などを通じて、ローカルのもとに還元されていたと考えられよう。

ついでに述べれば、陸上の関についても同じ見方で整理することができる。中世後期における関の乱立という現象も、この時代が地域の自立化とともに他者への眼差しを厳しくする社会背景にあり、旅ゆく通行者の側も、関の乱立を受け入れざるを得なかったのだろう。徴収された関銭も、史料的状況から権門勢家の収入源となった経済的側面ばかりが注目されがちだが、一義的には地元（ローカル）と通行者（ビジター）の関係から発生する賦課であり、ローカルが手に入れるべき正当性を持ちえたものと考えるべきではないだろうか。

津料は拒否できるか

津料という契約に対して、従わないものにはローカルが牙をむくことになる。その事例を紹介しよう。

徳治元年（一三〇六）のこと、二十艘ある「関東御免津軽船」のなかでもいちばん大きいと評判の「大船」が日本海を南下していた。津軽地方など北海の産物を若狭湾の敦賀（つるが）や小浜（おばま）まで運び、大きな利益を手にしていたのであろう。その「大船」が能登半島をすぎ、東尋坊にほど近い越前国の崎浦（さきら）（佐幾良）に停泊していたときに事件は起こる。梶浦・安島浦など周辺の住民たちが「漂倒船（漂着船）」と言いがかりをつけ、鮭などの北海産の積み荷ともども、船ごと強奪したのだ（正和五年〔一三一六〉三月日付、越中放生津住人則房申状「内閣文庫蔵大乗院文書雑々引付」『鎌倉遺文』二五七九八号）。これまでに見てきた寄船の顕著な事例である。

事件のカギになるのが、「関東御免」である。「関東御免」とは、鎌倉幕府から諸国の津料を免除された特権をもつ船を意味する。おそらく津軽船はビジターであるにもかかわらず、特権を盾に津料を支払わず、一方の周辺住民（ローカル）は「関東御免」など認めなかったのだろう。その結末が「漂倒船（漂着船）」であり、ローカルにより積み荷も船も実力で没収されたのである。

「関東御免」という特権を措けば、入港船が「漂倒船」として扱われるかどうかは、実際の海難の有無ではなく、津料の納入にかかっていたことになる。津料さえ納めていれば、津軽船もローカルから「漂倒船」と言いがかりをつけられることもなく、無事に若狭湾までたどり着くことができたはずである。だがこの船が越前国の崎浦で没収されたということは、それまでの航路では「関東御免」の特権が効果を発揮し、津料を納入せずに航行を続けられたということであろう。崎浦より北の港町では、ローカルたちは「関東御免」に従い、鎌倉幕府の決定を受容していたことになる。

どうやら津軽船の受難には、越前という地域性の問題が深刻に影を落としていたようだ。ほぼ同時期の越前では「深町式部大夫」とその一味が、「津料」を言いがかりに、運送にあたっていた日吉神人らに「刃傷悪行」を働くという殺人事件まで発生している（正和五年〈一三一六〉九月二十五日付、延暦寺檀那院集会事書「内閣文庫蔵文書雑々引付二」〈『鎌倉遺文』二五九三七号〉）。当時、越前のあたりでは津料をめぐるトラブルが頻発しており、それらは地域における実力行使――自力の事象として読み解くことができるのだ。

この問題の構造的な背景は、前に紹介した熊野の年貢米をめぐる議論とも似ており、ナワバリが優先するか、権門勢家による免除が有効となるか、という問題が中世社会の各地で湧き起こっていたことが想定できる。ナワバリが海上通行者に負担を強いるシステムであり、そこからの収益を活動基盤とするものを〈海の勢力〉とするならば、「関」と呼ばれた沿岸部の在地領主や海の民、海賊（行為）、さらには神仏への信仰を前面に出すことで通行者から金品を徴収する寺社、港湾都市で津料を徴収する集団、どれも共通性を持つ〈海の勢力〉であることになる。

しかし一方で、為政者が無為無策だったわけでもなく、ナワバリの正当性を掲げる〈海の勢力〉と、それを統制しようとする為政者の問題は、思いのほか深そうである。しばらく目を転じて、鎌倉幕府の対応について、その流れを押さえておくことにしよう。

3　そして徳政

ふたたび和賀江島から

さきほど訪れた鎌倉の人工港湾、和賀江島から見てみよう。鎌倉の前面に広がる由比ガ浜は遠浅の砂浜で、今でも海水浴やサーフスポットとしても人気の海岸である。その遠浅な地形のために、湘南のなかでもさらに小ぶりな波になり、サーフィンよりはウインドサーフィンの練習に適した海だ。その遠浅な海を前に成立した都市鎌倉にとって、ネックとなるのは大型船舶が着岸できないことである。たとえば人家が増えて建築資材の需要が高まっても、大型船舶は遠浅の海底に阻まれて沖合に停泊せざるを得ず、小船を往復させて人や物を積み替えて運ぶしかない。

そこで築かれたのが和賀江島である。いきさつを記した鎌倉幕府の歴史書『吾妻鏡』によれば、貞永元年（一二三二）七月十二日、勧進聖（かんじんひじり）の往阿弥陀仏（おうあみだぶつ）が船の「着岸の煩い」を無くすために和賀江島の築造を申請すると、執権北条泰時（やすとき）は「殊に歓喜」し、事業への「合力」を諸人に命じた。まもなく開始された工事は、一ヵ月もたたない八月九日に完成していることから、近くの伊豆半島あたりから切り出した石材を多量に積みあげることで完成させた人工島なのであろう。

工事には泰時の家臣が「巡検」などとして派遣されており、高橋慎一朗氏が「おそらく、北条泰時の都市整備政策の一環として港湾の整備が企画され、しかるべき技術とコネクションをもつ往阿弥陀仏に白羽の矢がたったのであろう」と指摘するように（［高橋　二〇〇五］）、往阿弥陀仏という勧進聖を表向きの看板にしつつ、実質は幕府主導のプロジェクトであった可能性が高い。泰時の時期、幕府権力に占める北条氏の比重は大きく、同時に都市鎌倉の本格的な整備が進められた時期でもあり、住人たちの命綱でもある物流拠点として、和賀江島は必須の港湾インフラであった。

それにしても急ピッチの突貫工事である。まるで何かに合わせたかのような、そんな印象を抱かせる急ぎぶりではないだろうか。

御成敗式目

じつは和賀江島が竣工した翌日、八月十日に御成敗式目が制定されているのだ。武家政権によって定められた最初の成文法であり、以後、中世・近世を通じて武家法の原点と認識され続けた、あの御成敗式目である。

もっとも、教科書や通史で説明される御成敗式目制定の背景としては、次のようなものが一般的であろう。もともと鎌倉幕府による訴訟の審理は「道理」に基づくものであったが、承久の乱によって西国まで幕府勢力が及ぶことになり、各地に下向した武士と荘園領主との相論が頻発したことで、停滞しがちとなった審理の迅速化のため、合理的な成文法として五十一ヵ条からなる御成敗式目を定めた、というものである。

いうまでもなく御成敗式目は執権北条泰時が中心となって制定したものだが、同じく泰時が主体となった和賀江島築造との間に、一見しただけでは直接的なつながりはなさそうだ。第一、式目制定の準備はこの年の四月から始められており、二つのプロジェクトの開始時期は異なっている。また八月ならではの季節的な制約もある。毎年八月十五日に都市鎌倉の精神的主柱であり武家の守護神でもある鶴岡（つるがおか）八幡宮で、放生会（ほうじょうえ）という大規模な祭礼が行われるため、中旬はその用意と後始末で忙殺される。下旬になれば収穫の秋を迎えた米や農作物が、続々と鎌倉に運び込まれるシーズンを迎える。流通拠点としての和賀江島を造り上げるには八月九日をタイムリミットとするしかなく、単純にタイトなスケジュールに合わせたために式目制定の前日になった、という見方も可能ではある。

しかし、この前年からの幕府政治と〈海の勢力〉の関連を踏まえると、どうだろうか。

幕府と〈海の勢力〉

式目制定の前年、寛喜三年（一二三一）に、幕府は相次いで〈海の勢力〉に関する法令を出した。

一つは「西国海賊事」とある一文で、ここでの海賊とは、幕府にまだ従っていない〈海の勢力〉であり、幕府は彼らを「兵士」として編成することを意図していたようだ。反抗する者がいれば守護の責任で名簿を幕府に提出し、反抗者の船も没収するよう命じている。関連史料がなく詳細は不明だが、幕府は〈海の勢力〉を軍事的に編成する方針で、それも彼らすべてを守護のもとに編成するのではなく、幕府のもとに直属させる方針だった可能性が高い。これに従わない者は容赦なく処罰することを決めていた。網野善彦氏はこの法令を「幕府による最初の本格的な〈海賊、黒嶋注〉禁圧令」とみる（[網野　一九九五]）。海賊の禁圧に重点を置いて解釈するか、〈海の勢力〉の軍事的編成の意図に重点を置くかで位置づけは異なってくるが、幕府側が統治者として〈海の勢力〉を従える姿勢で臨み、それを補完する存在として、守護が監督役とされていることに注意したい。なお、この条文には年月日が記されていないが、寛喜三年のものとする推定は佐藤進一氏の見解による（『中世法制史料集第一巻鎌倉幕府法』鎌倉幕府追加法七二一号、以下同書からの引用は鎌倉追加七二一号のように記す）。

そしてもう一つは、「海路往反船事」という、幕府から、西日本を統括することになった六波羅探題に宛てた指示である。海をゆく船が海難で遭難すると、各地の地頭が「寄船」といって差し押さえてしまう、本書で見てきた寄船の処分である。これをもってのほかの「無道」として以後禁じ、差し押さえた物も返還するように定めたものだ（鎌倉追加三二一号）。

二つの法令、海賊と寄船の禁止はともに、さきほど見た〈海の勢力〉による在地慣行に、幕府が制限を加えるものである。ローカルの論理にもとづいた海賊行為や寄船の処分権に対し、新たに入部してきた守護を監督指導役とすることで、〈海の勢力〉を幕府秩序のもとに編成し、地頭たちにもローカルの論理を振りかざすことを戒める。全国政権となった鎌倉幕府は、〈海の勢力〉によるローカルの論理をそのまま認めていたわけではなく、各地に入部した武士たちに「統治者」としての意識を持たせることで、海の世界に介入しようとしてきたのだ。

この二つの法令の延長線上に、翌年に制定された御成敗式目の第三条が位置づけられる。

一、諸国守護人・奉行事、

右、右大将家御時所被定置者、大番催促・謀叛殺害人〈付、夜討・強盗・山賊・海賊〉等事也、

（「御成敗式目」『中世法制史料集　第一巻　鎌倉幕府法』）

教科書などでおなじみの条文で、守護の職務内容を説明した史料としても有名である。御成敗式目

のなかだけで見ていくとたしかに守護の職務規程にすぎないが、前年から出されていた個別法令とあわせて理解すれば、幕府が全国的な統治者として海の世界に介入し、在地の〈海の勢力〉によるローカルの論理に一定の制限を加え、しかも彼らを幕府直属の軍事編成下に置こうとした流れのなかで考えなければならない。いわば式目は、幕府の〈海の勢力〉に対する政治姿勢を示す、一つの到達点でもあったのだ。

その伏線

前年からの個別法令から御成敗式目へと続く動きには、そこに至るまでの伏線があった。それは寛喜の大飢饉である。寛喜二年（一二三〇）夏から続く天候不順は、まず西日本から被害を広げていった。夏の盛りに雪が降り、秋口の霜や暴風雨で農作物が壊滅的なダメージを受けると、餓死者があふれ、疾病の流行というお決まりのスパイラルに陥ったのである。天候不順は翌年も続き、作況は好転しないまま、日本中が疲弊したなかで迎えたのが寛喜四年（一二三二）であった。朝廷は飢饉を理由に改元を決め、寛喜四年は四月に貞永元年となる。この年に制定された御成敗式目が「貞永式目」とも呼ばれるのは、このためである。

幕府が海の世界への介入を強めていった寛喜年間は、このように日本中が深刻な飢饉に見舞われている時期だった。その幕府を主導していた執権北条泰時は、『吾妻鏡』などに「撫民」の政治家として記されているが、撫民とは、民百姓をあわれみ彼らの生きやすいように救済しようとする政治姿勢である。慢性的な食糧不足と、相次ぐ飢饉、そして世情の不安に、撫民の思想を持つ泰時が、統治者としてさまざまな手立てを模索し、講じていったことは疑いない。

その過程で、海の世界への介入も進められた。海賊の存在、そして寄船の横行は、海路による流通の最大の妨げである。一度に大量の物を運べる海上交通が停滞すると、多方面にその悪影響が連鎖していく。流通の円滑化を進めたことは、飢饉対策の一つとして当然必要な措置であり、そのために海の世界への介入を強めていったとすることができよう。寛喜の大飢饉をキッカケとする、流通の再編。ここにまずは注目しておこう。

徳政としての式目

いま少し視野を広げてみよう。歴史的な大飢饉と、その最中に行われた為政者たちの政治刷新。中世史ではとくに、こうした政治刷新を徳政と呼んでいる。徳政とはもともとは徳のある政治、広くは善政の意であるが、天候不順や彗星、地震など、各種の天変地異が起こると、その理由は時の為政者の不徳のゆえと理解され、為政者たちはその状況を克服すべく徳のある政治を仕掛けねばならなかったのである。

寛喜の大飢饉を前にして鎌倉幕府を実質的に率いていた北条泰時もまた、徳政を志向していたことが何人もの研究者により指摘されている（[五味文彦　二〇一〇]ほか）。なにより泰時は撫民の思想に傾倒した政治家であり、その実現に向けてもっとも積極的に行動した政治家であった（[上横手　一九五八〕ほか)。さまざまな追加法の整備と理非による裁断。そしてその到達点が御成敗式目なのである。諸国の強盗・狼藉・放火を厳しく禁じ、守護・地頭の職務を定め、民百姓を慈しむ。徳政の実現に向けて、打ち立てられた数々の政策課題のうちのひとつが交通・流通の安定化であり、さらにその部分として、海路の安定のために、海賊を禁じ、〈海の勢力〉を幕府のもとに軍事的に編成しようとし、幕府と地域社会の接点である地頭には統治者意識を持つことを求め、寄船に手を染めることを規制する。いわば徳政という特殊な非常事態のもとで、統治者意識が鮮明に表れ、海の世界への介入を標榜することになったのである。

そして、まばゆいばかりの泰時の存在感に隠され、あまり注意されてこなかったが、じつはこの時期は、四代将軍である九条頼経(くじょうよりつね)にとっても重要な転機を迎えていた。

三代将軍源実朝が暗殺された直後、北条政子(まさこ)に望まれて二歳で鎌倉に下向していた頼経は、政子が死んだ嘉禄元年(一二二五)に元服し、翌年に将軍職に補任(ぶにん)されてはいたものの、まだ幼いうちには「武家の棟梁」としても名目的な部分が大きかった。頼経が竹御所(たけのごしょ)(二代将軍源頼家(よりいえ)の娘)との婚儀を執り行ったのが、寛喜二年(一二三〇)。ようやく十三歳になったばかりの頼経から見れば十五歳も年上にあたる竹御所との婚姻が、頼経に源頼朝の血という荘厳をまとわせ、さらには源氏の血筋に連なる次期将軍を期待するための政略であったことはいうまでもない。この婚儀はつまり、将軍頼経とそれを奉じる鎌倉幕府にとって、源氏の血を引く青年将軍が名実ともに誕生した時期なのだ。実朝の暗殺による将軍空白期から新将軍の誕生へ、つまりは将軍の代替わりである。徳政の契機には天変地異のほかに、為政者の代替わりがある。新将軍頼経による代始めの徳政。一連の泰時の徳政には、その意味も込められていたことは疑いない。

だんだんと御成敗式目への背景が明らかになってきた。この流れに和賀江島を位置づけるために、別の角度から考えてみよう。和賀江島の建造プロジェクトの名目上の主体であった往阿弥陀仏。彼の足跡を辿り、由比ガ浜から玄界灘へと場面は展開する。

往阿弥陀仏とは

寛喜三年（一二三一）といえば、鎌倉で和賀江島が築かれる前年にあたる。この年、筑前にある宗像社が、朝廷に訴えを起こした。以前、往阿弥陀仏が船の海難を防ぐために「孤島」を鐘崎に築くことを朝廷に願い出て勅許され、その影響で難破船の寄物は、宗像社の修理費用に流用することができなくなってしまった。ついては見返りとして田畠を寄進していただきたい、というものだ（寛喜三年四月五日付、官宣旨「宗像神社文書」『鎌倉遺文』四一二一号）。

さきにも少し触れたが、宗像社は記紀神話にも登場する九州の大社で、日本と朝鮮半島とを結ぶ海上交通の要地である玄界灘を影響下に置いた神として、いまも広く信仰されている神社である。神功皇后の三韓征伐伝承や、学術的に調査された沖ノ島の古代祭祀遺跡が「海の正倉院」と呼ばれているように、古くから天皇家との関係も深く、それゆえに朝廷にとってもぞんざいに扱うことなどできない宗教勢力だ。

宗像社からの訴えに対し、はじめ朝廷は曲村四十町を修理料として寄進したが、これを不服とした宗像社は鎌倉幕府にあらためて訴訟を起こしている。訴訟のなかで宗像社は本社だけではなく、「末社七十五社」の修理料もすべて「寄物」で賄ってきた先例を掲げている。要求をゴリ押しするため誇張しているとしても、宗像社が影響力を持った海岸への寄物と、およびその言説から派生させて徴収していたであろう津料などの通行料収益とを合わせると、バーターとして宗像社が要求した田地が東郷百五十町に相当するほどの、かなりの得分であったことは疑いないだろう。

この要求の契機になったのが、往阿弥陀仏による鐘崎での「孤島」築造であった。宗像社が見返りを求めた相手が朝廷だったことから、この築港プロジェクトも実質は朝廷が主導して行われたもので、往阿弥陀仏は看板にすぎなかったといえる。まずここに、鎌倉幕府による和賀江島プロジェクトとの共通性が見てとれるだろう。

泰時の徳政と道家の徳政

当時の朝廷の状況を見ておこう。承久の乱後、後鳥羽上皇の血統に難色を示した幕府の意向を受け、タナボタ的に皇位がめぐってきた後堀河天皇の時期である。その後堀河天皇を関白として補佐しつつ、朝廷の実権を握っていたのは九条道家であり、一二三二（貞永元）年に後堀河天皇からわずか二歳の四条天皇へと譲位が行われると、天皇の外戚であった道家の権勢はピークを迎えた。しかも鎌倉幕府の四代将軍頼経もまた、道家の実子である。朝廷と幕府の双方に大きな影響力を持った政治家であった。

そして既述のとおり、道家の時期は大飢饉が深刻な被害をもたらしていた。天候不順が続いた寛喜元年（一二二九）の夏以降、後堀河天皇が倹約の新制を出すなどしていたが、いよいよ全国的な飢饉となった寛喜三年（一二三一）から、九条道家が主導して四十二ヵ条におよぶ「寛喜の新制」を出した。翌年以降、貞永、天福と改元を繰り返し、あわせて後堀河から四条天皇への譲位と、そして訴訟の決断と任官・叙位を遂行して、政治刷新を次々と進めていったのだ。

こうして見ると、東の鎌倉幕府が北条泰時の主導により「泰時の徳政」とされた政治刷新運動が進められていたとき、西の朝廷でも九条道家によって「道家の徳政」ともいうべき政治刷新が行われていたことになる。東西の徳政が、ともに寛喜の大飢饉という国難に対処するために施行され、相互に関連を持っていたことは五味文彦氏の指摘するところである（［五味文彦　二〇一〇］）。二つの徳政は泰時と道家という政治主導者の経歴や権力基盤から微妙な差異を見せるが、四条天皇の即位と四代将軍九条頼経の源氏将軍化という共通点も持ち、朝廷と幕府が奉じるトップにとってまさに「代始め」なのである。東と西、公家と武家による二つの徳政は、大飢饉と代始めを契機としていたのだ。

そしてそこに、往阿弥陀仏による東と西の築港プロジェクトが位置づけられる。

田舎の習と中央の法

徳政とは仁徳のある政治である。天変地異や疫病・飢饉といった災厄の難を逃れるために、そして代始めの政治刷新として、為政者は撫民の思想のもと、諸政策を進めていく。一方、中世の徳政といえば、「永仁の徳政令」や「徳政一揆」に代表される、借金帳消し政策のほうが有名だろう。仁徳ある政治である徳政と、売買契約・債務関係の解消という徳政令の間に横たわるおおきなギャップについて、笠松宏至氏の見解〔笠松　一九八三〕によりながら簡単に整理しておこう。

徳政令の起源として、はやくから古代社会における「商返」という民俗慣習を想定していたのは折口信夫氏である〔折口　一九九五〕。商売で人の手に渡った物でも、一年たてばもとの持ち主のもとへ戻すことのできる「商返」という慣習。現代と違って旧主権（もとの持ち主の権限）がはるかに強い社会では、売買などによって持ち主を代えても、旧主のもとに戻そうとする力は存在し続けたのである。

そしてこの「もとに戻す」行為は、徳政の題目の一つであった。仏事・神事の興行にしても、所領の回復やそれに伴い裁判全般の迅速化も、「あるべきところに戻す」政策の一つであり、「復古」こそが徳政の大本だったのである。そこから派生した枝葉の一つが、売買契約・債務関係の解消という、いわゆる徳政令なのである。

さらに笠松氏は興味深い指摘をしている。ときに過酷で厳しい刑罰を慣例としていた「田舎の習」

に対し、「撫民」の視点からこれを規制し、あるいは否定しようとする動きが鎌倉中期以降の公家法・幕府法のなかに見出せるようになる。これは合理主義的な「撫民」思想に基づいて、民衆に目を向け始めた為政者による「中央の法」の出現であり、徳政を支えた思想的背景となったというのである。

笠松氏が触れている事例は鎌倉中期以降の苅田への罰則などであるが、ここでの「田舎の習」の中に、先述の「ローカルの論理」を当てはめることは許されるだろう。津料や警固料・関料といった通行料や、海賊行為、寄船の言いがかりによる暴力的略奪といった慣習は「田舎の習」として成立していた作法であり、しかもそれらは日頃から為政者が統制しにくい、「はずれ者の世界」のルールであった。しかし徳政という非常事態に、為政者は交通の円滑化を図り、より広範な民衆を「撫で慈しむ」ために、「中央の法」を設けて政治権力による統制をかけていくのである。

これを寛喜年間に置きかえてみると、大飢饉という国難を契機とした武家と公家の二つの徳政に、人々の煩(わずら)いをなくす「撫民」政策の一環として、交通の統制が含まれたのだ。このように徳政という「あるべき姿に戻す」政治刷新が、広く一般民衆を視野に含めた善政を志向したときに、そこには交通における障害の除去が本質的に組み込まれることになる。徳政の帰結とされる後醍醐天皇による新政のなかでも、室町期になって頻発した土一揆や徳政一揆のなかでも、一揆が要求した題目に必ず新関の撤廃が見られたのもこのためであろう。一揆の主体となったメンバーによって恣意的に選択されたものという留保があるにせよ、徳政が本質的に撫民思想による善政であり、人々の煩いを除去して「あるべき姿に戻す」ものであったため、新関は不法な新儀として問題視されたのである。新関が行き過ぎたローカルの論理によるものであり、徳政は必然的にそれを統制すべき役割を担わされていたのだ。

徳政モニュメントとしての港湾

だいぶ遠回りになったが、鎌倉幕府で泰時の徳政が推し進められるのと同時に和賀江島が築造されたことも、京の朝廷で道家の徳政と同時に筑前鐘崎沖の港湾が築造されたことも、このように連関させて説明することが可能となる。大飢饉という非常事態に、代始めにより刷新された政権は、人々の煩いをなくすため海の流通も整備し、交通の障害となる「田舎の習」に対峙していくのだ。その政治課題を象徴させるモニュメントとして、港湾の築造ほど人々へのアピールに優るものはない。

もっとも、築造プロジェクトの費用を政権が丸抱えし、材料から労働力までをも用意してしまっては、どこかの国のハコモノ行政と大差はない。撫民の象徴であり、各地の「ローカルの論理」を抑え込んでいくためには、みんなで作ったモニュメントでなくてはならないのだ。そこに利用されたのが、往阿弥陀仏という勧進聖である。幕府にしろ朝廷にしろ、とてものこと豊かな財政状況であるとはいえず、慢性的な飢饉で築造費用のすべてを用意できなかった懐事情もあるが、ただ単に財政的な問題だけでなく、勧進で多くの人々から金品という喜捨を募り、信心の名のもとに集められた労働力をもってはじめて、港湾は民衆のための施設としての輝きを纏うことができる。俗世界の政治権力が作るハコモノではなく、勧進聖によりプロデュースされた金字塔という言説が、この時期の港湾には必要だったのだ。

これは逆に、この時期の政治権力の限界を示すものでもあった。撫民の思想を掲げ、「田舎の習」に対峙する姿勢を鮮明にしていても、幕府も朝廷も、全国的な政治権力として国内各地を完全に掌握し、津々浦々に支配の目を光らせることは事実上不可能であった。権力が分散し、複数の権門が並び立つ中世社会において、一元的な支配を展開した中央政権と呼べる政権は存在しないといってよい。中央の不完全さは、時に「田舎」との妥協を必要とし、ローカルの論理が既成事実として「先例」となり、容易には除去できない既得権益として蓄積されていくことになる。

それゆえに、徳政という政治刷新、いわば非日常の政治形態のときでもないと、政権は「田舎の習」への介入を強く打ち出すことができなかったのではないか。裏を返せば、政権側がローカルの論理に対峙することを鮮明にしたときは、通常の政権運営ではなく、徳政のような「刷新」を迫られた時期でもあるのだ。ちなみに、さきほどローカルの論理を戦国大名が制限していこうとする動きとして取り上げた「今川仮名目録」も、当主の今川氏親が自身の余命を悟り、まだ少年ともいえる嫡男への相続を睨んでいた時期に作成された、代替わりの法典として準備されたものであった。このように徳政とローカルの論理との間における緊張関係は、この後も中世社会に長く尾を引くことになるのだが、それについては第三章で検討しよう。

鎌倉幕府の海賊禁圧

話を鎌倉幕府に戻そう。「田舎の習」への対峙を鮮明にした泰時以後、幕府はどのような対策をとったのであろうか。ここでは、ローカルの論理がもっとも暴力的に先鋭化する海賊と幕府の関係について見ておこう。

幾度も幕府は海賊を禁ずる法令を出していた。それらの多くは山賊・盗賊とともに海賊を取り締まるもので、網野善彦氏の「鎌倉幕府の海賊禁圧について」という興味深い論文により、その概要を知ることができる〔網野　一九九五〕。ここでは幕府による海賊禁圧を時期ごとにまとめ、その背景を押さえておきたい。

時期を三つに区分してみると、傾向がつかみやすいようだ。まず鎌倉中期、これはいずれも徳政の一環としての海賊禁圧令と理解することができる。網野氏の所論では徳政と海賊禁止との関係について現象面での指摘にとどまっているが、本書で見てきたように「撫民」思想によって人々の煩いを駆逐する政策の一つとして読み解くことができる。徳政という非日常の政治において、統治者が「ローカルの論理」に制限を加えていく法令を出した痕跡なのである。徳政の対立軸が「ローカルの論理」であった。

この傾向が変化していくのが、一二七〇年代からの第二期における海賊禁圧である。いうまでもなくこれは蒙古による日本侵略計画が現実のものとなるなかで、防御のための異国に対する警固の必要性から、〈海の勢力〉の軍事的編成が緊急課題となったためである。

そして第三期として、一二九〇年代以降、日本各地に「悪党」「海賊」が蔓延し、社会問題となっていく時期である。ここに幕府は「海上警固」を強化していく方策をとるのだが、問題はこの時期、幕府政治においても北条氏による専制化が進んでいたことである。強権を与えられ海賊を鎮圧していた幕府方の人間が、じつは事件現場で略奪や暴行を繰り返し、その行動はまさに「悪党」「海賊」のそれに他ならない、という事例は数多い。幕府政治を専制する北条氏はなかば利己的に彼ら〈海の勢力〉を組織化し、それと敵対する〈海の勢力〉が「海賊」として報告されることになるのである。

幕府のジレンマ

網野氏はさきの論文で「鎌倉幕府は結局、最後まで海賊を禁圧の対象として捉え、それを積極的に組織する道を見出しえないまま崩壊していった」と指摘する。だが正確にいえば、幕府はつねに同じテンションで海賊に立ち向かったわけではない。十三世紀中期までの幕府は、撫民思想に基づいて「人々の煩い」を除去するため、徳政の必要性に迫られると海賊を対象とした禁圧の法を出していたのである。海賊禁圧の志向をつねに抱いていたとしても、それを強く発露する場面は限定的であり、この強弱に注意することで、政権のベクトルがどこを向いていたかを探るべきであろう。

結果論ではあるが、たしかに、幕府は〈海の勢力〉を完全に組織化することはできなかった。網野氏のいうとおり、そこに蒙古軍の襲来と国内社会の動揺と、それを克服するための北条氏の専制化が大きく影響していたことは間違いない。だがより本質的には、政権を構成する武士自身が、完全なる統治者として生きることができなかった、という問題がある。

たとえば、寛元三年（一二四五）の海賊禁圧令を見てみよう。

一、諸国の守護・地頭に命じて、海上・陸上の盗賊、山賊、海賊、夜討ち、強盗等を禁じること（諸国の守護・地頭等に仰せて、海陸盗賊、山賊、海賊、夜討ち、強盗の類を禁断せしむべき事、）

諸国の地頭・守護が海賊等を断罪する詳細は御成敗式目にも明記している。なのにその対処をしていないという情報があるので、海賊など悪党一味の存在をキャッチしたら隠しごとはしないとの起請文を御家人たちから集めたが、いまだに解決していないとのことだ。急ぎ幕府から守護・地頭に命じて、懲らしめ罰していかなければならない。それでもまだ悪党がはびこっているような情報があれば、その土地の守護も地頭も、職を解任することになる。（諸国の地頭・守護等、その沙汰を致すべきの子細、式目に載せられおわんぬ、而るに無沙汰の由、その聞えあるに依り、かくのごとき悪党、見隠し、聞き隠すべからざるの旨、起請文を御家人等に召さるるといえども、なおもって断絶せずと云々、早く国々守護・所々地頭に仰せて、殊に懲粛を加えらるべし、この上、なお悪党蜂起の由、その聞こえある所々においては、守護といい地頭といい、その職を改め補さるべし、）

（鎌倉追加二五二号）

前に見た泰時の徳政の一つに、地頭による寄船だと言いがかりをつけての略奪を禁止する法令があったが、これも根は同じである。人々を「撫で慈しむ」政治権力の一員であるにもかかわらず、現地に下向し地域社会と濃厚に交わっていった地頭たちが、寄船や海賊といった「田舎の習」に手を染めているのだ。

『吾妻鏡』をめくっていると、些細な拍子に自身の武力に訴え、私闘騒ぎを繰り返す武士の事例は枚挙にいとまがない。そんな武士たちが地方に下れば、「田舎の習」にいち早く順応し、一体化していくのは、火を見るよりも明らかであろう。これでは、いくら政権のトップが海賊の禁圧を叫んだところで、所詮はその場だけの「禁圧」に落ち着くことは目に見えている。

その武士によって構成されていた幕府が、この矛盾に気づいていなかったはずがない。矛盾のなかでもがき苦しみ、より現実的な手段として、〈海の勢力〉にすり寄り、ローカルの論理と癒着していくようになる。その時、「田舎の習」と中央の法を隔てていた壁は取り払われ、「中央」に公認された「習」になっていく。同時に、中央からは民を撫で慈しむ思想が後退していったことはいうまでもない。

和賀江島の変質

ふたたび和賀江島に戻り、この章を締めくくることにしよう。泰時の徳政のモニュメントとして急造された和賀江島には不思議な運命が待ち構えていた。竣工から間もない八月二十七日、由比ガ浜から和賀江島にかけて、海の色が紅く染まるという異変が起きる（『吾妻鏡』）。もしかしたら人工の島が出現したために、潮の流れが変化し、干満の差が大きくなる大潮の日にプランクトンが異常発生した赤潮のようなものかもしれない。だが政権側はこれを「吉事」と言い張り、以後、和賀江島は鎌倉の海における東の境界として生き続ける。鎌倉という、武家政権が拠点を置いた都市の顔として、和賀江島は海と陸の境界でもあり、鎌倉沿岸部の海の境界でもあったのだ。

けれども本来は、泰時の徳政のモニュメントだった和賀江島は、鎌倉幕府という武士による統治システムと、一般の人々を結びつける境界でもあったはずだ。

しかしその役割は、ほかならぬ泰時自身が進めた六浦プロジェクトによって矮小化されることになる。和賀江島の築港から十年もたたずして、泰時は和賀江島周辺よりも水深を確保できる六浦の地を都市鎌倉の港湾拠点として整備し、仁治元年（一二四〇）には鎌倉と六浦を直結する道の整備を進めている。この年は彗星の出現により延応から仁治に改元され、合わせて泰時も引退し、唯一の後継者となった孫の経時に家督を相続させるという、北条氏の代替わりも進められていることから、まさに徳政の最中である。デジャヴュかと見まごうような寛喜の徳政と同じ仕掛けが展開していたのであり、それは嫡男の早世により孫へと相続せざるをえなかった泰時の、孫思いの老婆心（老爺心？）だったのかもしれない。

もともと六浦は和田氏の所領だったが、和田氏が滅び、宝治合戦で三浦氏・千葉氏が消えさったことで、北条氏は東京湾の〈海の勢力〉を吸収し、影響下に置くことに成功したのだろう。このように北条氏一族が、六浦のような各地の海の拠点、文字どおり津々浦々を実力によって獲得していくことで、和賀江島の性格は相対的に変質していく。泰時の徳政のモニュメントから、たんに都市鎌倉の地理的な境界へ。

さらに、幕府はやがて撫民思想を後退させ、幕府政治を専横した北条氏権力のもとに、直接的に各地の〈海の勢力〉を支配下に編成することに力点を置くようになる。その時、撫民思想を掲げた幕府と「はずれ者の世界」との架け橋だった和賀江島がその存在理由を変えていくことは、けっして偶然ではないだろう。

現在の和賀江島は潮が満ちてくると沈んでしまうが、鎌倉時代の和賀江島は、ある意味で得宗専制という海に沈んだのだ。

第二章　ナワバリを越えて

1　北条氏権力の置き土産

南と北の「海の武士団」

ここからは北条氏と〈海の勢力〉の関係を考えてみよう。どうにか蒙古襲来をしのいだ鎌倉幕府は、その再来を恐れて海上軍事力の編成を急いだ。とくに文永の役の後、反撃のために朝鮮半島への出征を準備する過程では、九州の地頭・御家人・本所一円地の住人には所領にある船の数、水手(かこ)・梶取(かじとり)のリストの用意が命じられ、西日本の沿岸部にも予備的に水手・梶取を用意させておくなど、幕府が水軍構築に本腰を入れていたことが分かる。この点から、幕府の政策が集権的な方向へと舵を切るとする指摘もある（[海津　二〇〇四]）。

しかしその後、幕府内部での政局が続き、反体制の行動をとる「悪党」が顕在化したことなどから、幕府は現実的な〈海の勢力〉の支配を模索するようになっていった。

この鎌倉末期とは、政権内部では執権北条氏が専横を強めていき、北条氏惣領家だった得宗とその一門（金沢氏・名越氏など）による、諸国守護職の独占が顕著になる時期である。前にも紹介したが、石井進氏は集積されていった守護職が沿岸諸国に偏ることや、港湾都市の拠点化が見られたことから、海上交通に対する北条氏の強い関心を指摘している（［石井進　一九六九］ほか）。網野善彦氏もそれを踏まえて、北条氏の海上交通支配を強調していったのである（［網野　一九九四a］ほか）。近年では、一体的に見られていた北条氏とその一門とはいっても、必ずしも同族間で協調・連携していたわけではなく、むしろ個々の家単位で分析する必要性を説くものが多いが（［秋山哲雄　二〇〇六］ほか）、やはり総合的に見れば、海という流通の場の利便性に注目し活用していった北条氏、という全体像は動かしがたいように思う。

その具体例としてよく取り上げられるのが、北の津軽海峡に基盤を置いた安藤氏と、南九州の薩摩半島南部から南西諸島にかけてを所領とした千竈氏という、二つの得宗被官の存在である。夏場でも厚手のウェットスーツを着て入る下北半島と、冬場でも薄手のウェットスーツで十分な奄美大島とでは、海の光景も随分と異なる。ただどちらも中世前期の日本における境界領域にあたると認識された地域であり、北条氏が境界を直接的に掌握していた証左として説明されることが多い。

そしてここでも、安藤氏を「北の海の武士団」（［大石　二〇一〇］）、千竈氏を「黒潮の領主」（［青山　一九九八］）とする指摘がされているように、どちらも「海の武士団」という共通した属性で語られる傾向にある。たしかに、中央にあって海を志向する北条氏と、その直属の被官として北と南の境界領域を押さえる「海の武士団」という整理は分かりやすいものであるが、両者の共通性を導こうと急ぐあまり、そこには見落とされている一面があるように思えてならない。

その経済基盤

北の安藤氏と南の千竈氏の共通性が注目されるようになったのは、偶然ではあるが、安藤氏も千竈氏も、似たような時期に「譲状（ゆずりじょう）」という史料が残されているためだ。譲状とは、家の当主が自身の所領をどのように配分するかを文章に残した、遺言状のようなものである。譲状が残されていることにより、その家がどのような所領から収益を得ていたかが分かるのであり、安藤氏や千竈氏の場合はとくに、〈海の勢力〉の経済基盤を考えることができるまたとない素材となるのだ。

まずは正中二年（一三二五）、安藤宗季（むねすえ）が作成した譲状から、安藤氏の所領の内部構造を考えてみたい。原文はひらがなで書かれているため、読みやすく漢字を交えてみると、次のようになる。

史料　安藤宗季譲状　（「新渡戸文書」『青森県史　資料編中世一　南部氏関係資料』四三七号）

譲り渡す、津軽鼻和の郡絹家島、尻引郷、片野辺郷、ならびに蝦夷の沙汰、糠部宇曾利郷、中浜の御牧、湊、以下の地頭御代官職の事、

右の所は、宗季、先例に任せて沙汰を致すべき由、御下文を給わるものなり、しかるを子息いぬ法師、一子たるによて、御下文を相添えて、永代これを譲り与うる所なり、宗季いかなる事もあ

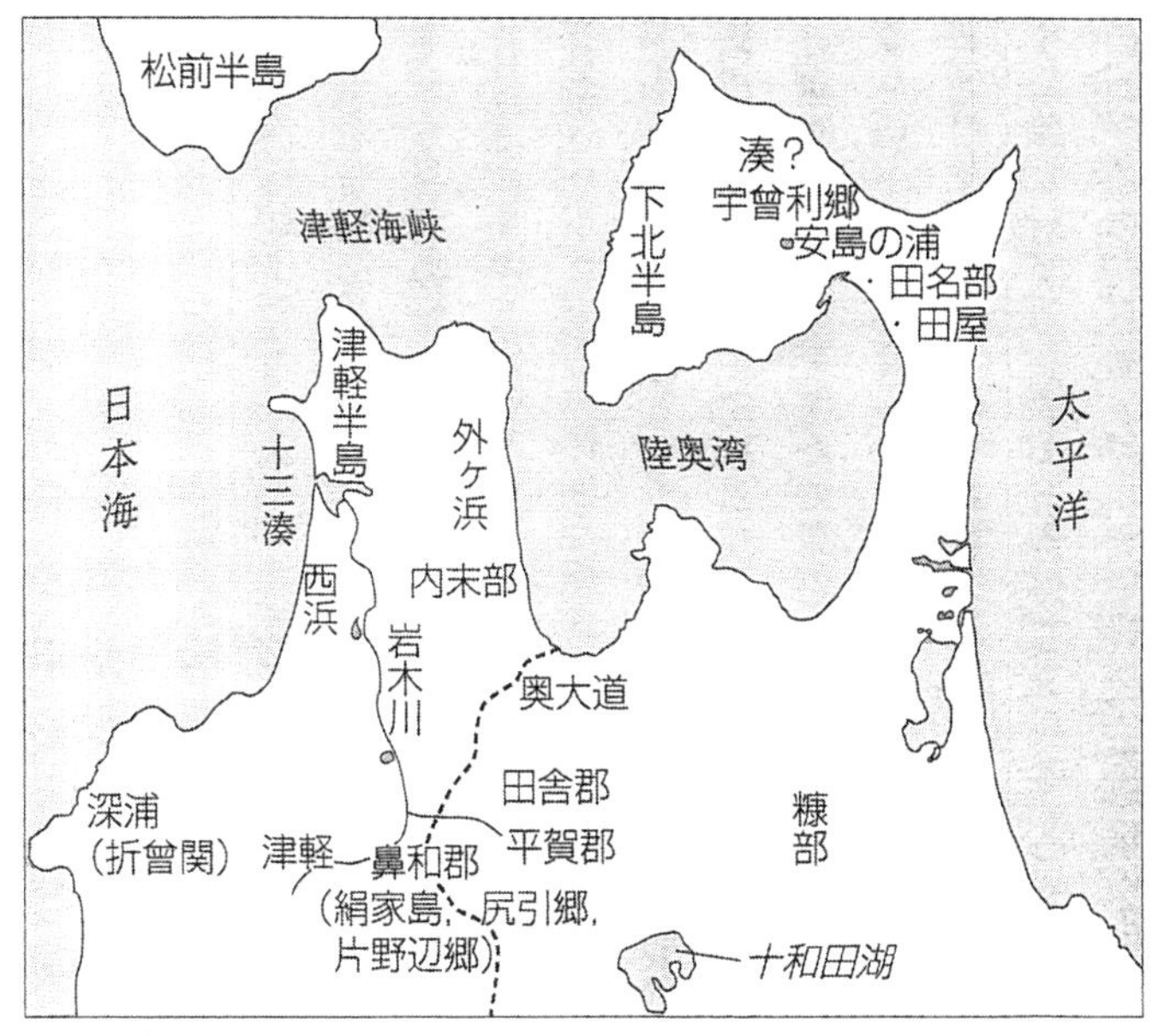
松前半島
津軽海峡
湊？
宇曽利郷
安島の浦
田名部
田屋
下北半島
日本海
十三湊
津軽半島
外ケ浜
陸奥湾
太平洋
西浜
内末部
岩木川
奥大道
田舎郡
糠部
深浦
（折曽関）
津軽
平賀郡
鼻和郡
（絹家島，尻引郷，
片野辺郷）
十和田湖

津軽海峡関係地図

らんときハ、この譲状に任せて、知行すべきなり、但し、宇曾利郷の、田屋、田名部、安島の浦をば、女子とら御前一期譲状を与うる所なり、よて譲状、件の如し、

正中二年九月十一日　　　宗季（花押）

安藤宗季が嫡男（いぬ法師）に譲与するため、みずからの知行を書き上げたリストである。嫡男への譲与分と、女子（とら御前）への譲与分が書かれ、両者を合わせたものが安藤宗季の知行となる。記された順序にも注意して、まずはその地理的な特徴を見ておこう。

地名を地図に落とすと前ページの図のようになる。宗季の知行のうち、主体となるのは津軽半島、それも日本海側に展開した郷であった。一方、太平洋側では、下北半島の先端部、斧のようにくびれた付近に集中していることが分かる。宗季が嫡男に津軽半島の所領をメインにした譲与をしていることから、下北側の知行は、宗季にとって安定した所領とはなっていなかったのではないだろうか。

もう一つの特徴として、いずれも外海側に展開していることを指摘しておこう。わずかに安島(あんとう)の浦(うら)周辺が陸奥湾沿岸であるが、陸奥湾内の中心地である外ヶ浜(そとがはま)からは遠い反面、太平洋側の宇曾利(うそり)郷とは緩やかな丘陵を挟んで距離も約十キロほど、地続きのような場所である。あるいは陸奥湾内というよりは、宇曾利郷の後背地として考えたほうがいいのかもしれない。

このような所領状況からすれば、宗季は津軽海峡を舞台にした交易に経済基盤を置き、外海を航行する船に対する影響力を保持しており、日本海側から太平洋側へ展開していった〈海の勢力〉だった

のだ。その交易のカギになるのが、「蝦夷の沙汰」という文言である。

蝦夷の沙汰とは

鎌倉後期になると諸史料に「エゾ」と呼ばれた人々が登場する。彼らは、「蝦夷島」（現在の北海道）に住んでいたアイヌ民族を中心とする集団であった〔海保　一九九六〕ほか）。農業生産よりも、水産物や毛皮など、南の日本側では入手できない産物に恵まれたため、日本側との交易を経済基盤としていた。

交易の舞台は津軽海峡である。安藤宗季が自身の経済基盤としていた「蝦夷の沙汰」が、蝦夷との交易による収益だったことは疑いない。「蝦夷の沙汰」は研究者によって解釈の幅があり、蝦夷との交易の管轄権というように限定する見方もあれば、より踏み込んで鎌倉幕府による「東夷」成敗権の実態であるとして、国制上に大きな意義を持つ言葉とする見解もある。とくに後者は、遠藤巖氏によって指摘され、征夷大将軍を頂点に据えた幕府という政治権力にとって、東夷の管轄は最重要項目であり、そのために幕府を専制下に置いた北条氏は、自身で北奥各郡の地頭職を集積しつつ、配下の安藤氏に「蝦夷の沙汰」を管掌させ、交易の利潤を吸収したとされる〔遠藤　一九七六〕）。

鎌倉幕府という国制の中に安藤氏を位置づけた意欲的な論説であり、傍証もあるので一概には否定できないが、安藤宗季の譲状からはいささかの疑問符が付く。史料本文中には「蝦夷の沙汰」は津軽鼻和郡（はなわ）の各所領の末尾に、糠部郡（ぬかのぶ）の所領の記述に入る前に記されている。もし日本から見た蝦夷全般のことを含む内容であったならば、「蝦夷の沙汰」は「地頭代官職」の前後に配置されるのが自然であろう。史料をそのまま読めば、津軽鼻和郡に関する「蝦夷」をめぐる「沙汰」とせざるをえない。

あくまでも津軽鼻和郡における「蝦夷の沙汰」であったこと、これは安藤宗季の所領が陸奥湾には展開していないこととも関係する。波静かな陸奥湾のなかで、中心的な位置にあったのが外ヶ浜であった。ここは、奥大道（現在の国道四号線とほぼ重なる、鎌倉と陸奥国を結ぶメインストリート）の終着点であった。しかも陸奥湾内や津軽海峡を結ぶ海上交通のターミナルでもあり、まさに交通の結節点として賑わった場所である。

本州の先端、みちのくの最果てという立地は、「外ヶ浜」に中世日本の東の境界としての意味を与えることになった（［大石・高良・高橋　二〇〇一］）。よく知られたところでは、『曾我物語（そがものがたり）』に登場する夢の中の頼朝の場面がある。挙兵間もない頼朝が、夢の中で東の境界である「外ヶ浜」、西の境界である「鬼海が島」を踏み従えたことが、やがて日本国に君臨する予知夢となったというものだ。

交易による富があふれ、境界の象徴とされる外ヶ浜を掌握しようとした権力者は、夢の中の頼朝だけではない。より具体的に、そしてより直接的に掌握していったのが、北条氏である。北条氏は外ヶ浜をはじめ、陸奥湾沿岸各郷の地頭職を掌握し、そこに曾我氏・工藤氏・粟飯原（あいはら）氏など、「得宗被官（とくそうひかん）」と呼ばれた直属の家臣たちを代官として送り込んでいった。外ヶ浜と陸奥湾沿岸部は、北条得宗家による事実上の直轄下に置かれていたのである。

先行研究が強調したように、たしかに安藤氏も「得宗被官」ではある。だがじつは、北条得宗家との関係性の濃さ、専門的な用語にすると、主従関係における階層性という視点からすれば、曾我氏をはじめとする陸奥湾沿岸部に送り込まれた「得宗被官」よりはもう一つランクが下の氏族とするべきである。

蝦夷大乱のなかで

十四世紀に入ると北日本とその周辺は不穏な情勢に包まれていく。内紛をつづけた蝦夷の動乱に安藤氏も巻き込まれ、安藤五郎太郎家と安藤又太郎家という二つの安藤氏による対立抗争へと引き裂かれていった。当初、調停に入った鎌倉幕府は、二つの安藤氏双方からの莫大な賄賂に翻弄されるという不手際もあり、かえって火に油を注ぐ状況となった。五郎太郎家は日本海側の西浜折曾関（にしはまおりそのせき）に城郭を構えると、一方の又太郎家は外ヶ浜内末部（うちまつべ）の地に城郭を構え、「洪河（岩木川？）」を隔てて対峙を続けたという。五郎太郎が拠点とした折曾関は、地名から陸上の関が置かれた場所であり、同時に海上航路に対しても関として機能しうる場所だったことが推測されることから、五郎太郎家は、津軽半島西側の陸上・海上交通に経済基盤を置いていたのだろう。又太郎家側の拠点となった外ヶ浜内末部は、津軽半島を東西に横断するルートにあたり、外ヶ浜と日本海をむすぶ陸上交通の拠点であった。元来、蝦夷代官職を保持していた又太郎家が外ヶ浜に基盤を持ち、津軽半島内の交通拠点を押さえていた痕跡である。

長引く対立に業を煮やした幕府は、五郎太郎が優勢になったと見るや、蝦夷代官職を又太郎から剝奪し、新たに五郎太郎に与える措置をとった。この五郎太郎がさきほどの安藤宗季であり、前掲の史料は津軽半島西側に軸足を置く彼が、幕府による「御下文（おんくだしぶみ）」を獲得してすぐに、自身の権益を確定させる必要に迫られ、作成した譲状なのだ。そしてそこに書き込まれた「蝦夷の沙汰」とは、やはり、そう主張させるだけに足る交易の実態が存在していなければならない。

交易の拠点となったのは、洪河と呼ばれた岩木川と日本海との接点である十三湊（とさみなと）である。そこには十三湖（じゅうさんこ）という広大なラグーン（潟）が広がり、わずかに開いた河口部付近、北へと大きく伸びた砂州の上に十三湊という港町があった。岩木川とその支流により津軽平野の各地と結ばれたことで、後背地との河川交通ネットワークの拠点となる一方、海上では、蝦夷島からの航路・日本海沿岸部の航路それぞれのターミナルとなり、日本と蝦夷島の中継拠点として繁栄したことが発掘調査により明らかとなっている。

十三湊を拠点に展開していた日本側と蝦夷との交易を前提に、安藤宗季はその流通路に食い込み、経済的な収益を上げていたのだろう。宗季自身が交易に手を染めるというよりはむしろ、本州と蝦夷島を行き交う船に対し、津軽半島西側を押さえたローカルとして、そこがナワバリの海であることを主張し、通行料を徴収していたものと想定するのが自然であろう。むろん、蝦夷と呼ばれた人々への名分的な支配権も含意していた可能性はあるが、譲状という経済基盤を記す史料の中では、第一義的に、このように考えるべきではないだろうか。

千竈氏の譲状

安藤氏の分析に予想以上に手間取ってしまった。つづいて千竈氏の譲状を分析してみよう。こちらは嘉元四年（一三〇六）に作られた、千竈時家から嫡子貞泰（さだやす）などに宛てて所領の配分を記した譲状が残されている。せっかくなので全文を掲げて検討したいところだが、かな書きの長文であるため、そのさわりだけ紹介しよう。

史料　千竈時家譲状　（『鹿児島県史料　旧記雑録拾遺　家わけ六』千竈文書一号）

ゆつりわたす　そふんの事

合

ちやくし貞泰かふん

一、さつまのくにかハのへのこほりのちとう御代官職ならひにくんし職の事、かうとの丶むら・きよミつのむら・ミやしたのむら〈た丶しこのにかむらハ母一この丶ち〉・のまのむら・いしハしりのむら・くへたのむら・たのへのむら・たへたのむら・くすハらの大くほのむら・ミやのむら・かこのむら・ハうのつ、ならひにようさくふん、ゑほうしかたはた、ハたそいたけたのまへ・かりやのそハ、次しま〳〵の中に、くち五島、わさのしま・きかいかしま、大島焉、

（中略）

地名	職名	区分	内訳
薩摩国川辺郡	地頭御代官職 幷郡司職	村	神殿・清水・宮下・野間・石走・久恵田・田辺・田部田・楠原の大久保・宮村・鹿籠・小野・永田・地子・下山田・野崎・平山・上山田・古殿
		港湾	坊津・大泊津
		用作	烏帽子田畠・畠添竹田前・仮屋の添・松木田・平山・大くたり・宮下しやうくわう房の田・上山田薗田
		島	口五島・臥蛇島・喜界島・大島・永良部島・七島・徳之島・屋久島下郡
駿河国浅服荘内北村郷	郷司職		
常陸国若森郷三分一	地頭御代官職		
尾張国千竈郷いはくに方	(本貫地の所有権)		田畠・屋敷

表　千竈時家の所領の構成

よりてのちのため、処分のしやうくたんのことし、

嘉元四年四月十四日　　時家（花押）

（下略）

中略した部分には、千竈氏が地頭代官職を務めていた薩摩半島南端にある川辺（かわなべ）郡を中心に所領名が列挙され、嫡子貞泰をはじめとした三人の兄弟と、二人の娘を含む四人の女性、計七人への配分方法が記されている。鎌倉時代の譲状一般に言えることだが、兄弟の中では嫡子分が厚く、女子分はおおむね平等に一期分（当事者の存命中のみ所有できる）の譲与がされている。

この譲状で特筆されるのは、嫡子貞泰への譲与分に「きかいかしま、大島」など、薩摩半島から点々と連なる南西諸島の島々が明記

されていることである。このため千竈氏は中世日本の南の境界地域を支配下に置いていた得宗被官として、その名は一躍世に知られるようになった。ともすれば南西諸島にばかり注意が行きがちだが、この史料を睨んでいると、所領の記し方には一定の序列があるようで、千竈時家自身がどのように所領を管理していたのか復元することが可能であり、そこでの島々の位置づけを踏まえると、単純な「境界地域の支配」などではなさそうだ。

所領の構成に注意してみると、おそらくは右の表にまとめたような形で、時家はそれぞれの所領から入ってくる収益を計上して、日々をやりくりしていたらしい。この所領の様子をもとに、千竈氏について考えてみよう。

黒潮の領主？

千竈氏はもともと、尾張国千竈郷を本貫地とする御家人だったのだが、鎌倉後期には北条得宗家の被官として得宗領の薩摩国川辺郡の地頭代官職に補任されていた。御家人、つまり将軍の直属の被官だった千竈氏が、どのようなきっかけで北条得宗家の被官になったのかは明らかではないが、譲状でも三兄弟に平等に「尾張国千竈郷いはくにのほうのうち田畠」が分けられていることから、本貫地千竈郷に持つ所有権を、時家の代に至っても確保していたことは注意しておこう。

譲状ではこの他に、駿河国浅服（するがのくにあさはた）荘内北村郷郷司職、常陸国若森（ひたちのくにわかもり）郷三分一（さんぶんのいち）地頭（じとう）御代官職が現れる。常陸国若森郷については地頭代官職とあるので、薩摩国川辺郡と同じく本来は北条得宗領であり、千竈氏は北条氏の代官として、「代官職」という得分を保持していたにすぎない。駿河国浅服荘は郷司職とあるのみなので、御家人時代から相続している所領だった可能性もある。

問題は所領の立地である。これらに薩摩国川辺郡に含まれた南西諸島を合わせると、若森郷だけがやや内陸部だが、どこも海岸線までは河川交通で結ばれるなどしており、千竈氏と太平洋側の海上交通とのかかわりを想定させる。この「黒潮の流れにも似た所領分布」から千竈氏は、「黒潮の領主」とされ、「日本の最南端から異域へかけての境界の管理者」「海を行き来する得宗被官」（［青山　一九九八］）、あるいは、奄美へ交易のために「千竈氏が出かけて」いった可能性まで指摘されているのである（［村井　一九九七］）。

千竈氏の所領がきわめて広範囲に渡り、その地理的特性のみからすればこのように評価をすることも可能ではある。だが譲状を見る限りでは、それぞれの所領は質の異なるものの寄せ集めにすぎない。千竈氏が太平洋を渡り歩き、南の島々をめぐっていたと推論をする前に、冷静に所領の内実について見ていくべきではないだろうか。

職をどう考えるか

問題となる薩摩国川辺郡の所領を考える際、その前提として、川辺郡の所領とそこから発生する収益の根源は、地頭代官職と郡司職によると譲状には明記されていた。

この「職」とは、中世を象徴する言葉の一つである。たんなる「職務」「担当」といった役職を意味するだけでなく、その役職から発生する経済的な得分権を指し、とくにこうした譲状で出てくる職は資産価値の側面が大きく前面に出る言葉である。中世社会では一つの土地からの収益に対し、何人もの職の保有者が存在し、そこからの収益を分け合っていた。荘園公領制社会に特徴的に見られる、こうした重層的な権利のあり方を、「職の体系」ともいう。極論すれば、一つの土地から年貢などとして上納される仕組みが出来上がっている場合、その上前をピンハネできるのが職の保有者となるのだ。もっとも職は朝廷や権門勢家が所有しているものであり、職に補任されるのはその関係者に限られたものであって、誰でもピンハネできたわけではないのだが。

それはともかく、川辺郡においても郡司職と地頭代官職というピンハネの構造が出来上がっていたことになる。川辺郡の地頭職は北条得宗家が確保し、千竈時家はその代官職と、この頃には地頭職の下位職になっていたと思われる郡司職を兼務することで、川辺郡から収益を得ていたのだ。北条氏が川辺郡の地頭職を獲得するのは承久の乱以後とされ、それ以前は、地頭職を島津氏が、郡司職を在地の豪族河辺氏が確保していたものと推測されている（［五味克夫　一九九七］）。

郡司職と地頭代官職を兼務することで川辺郡から収益を上げていた千竈時家は、それを自分の子供たちに分け与えようとした。ここでの千竈氏の所領とは、川辺郡（および南西諸島）という領域的な土地そのものではなく、そこから上がる年貢などの収益の一部を、自分の収入とできる「職」を指す。いいかえれば、定期的に収益がもたらされる上納の実態さえあれば、「職」を分割譲与することは可

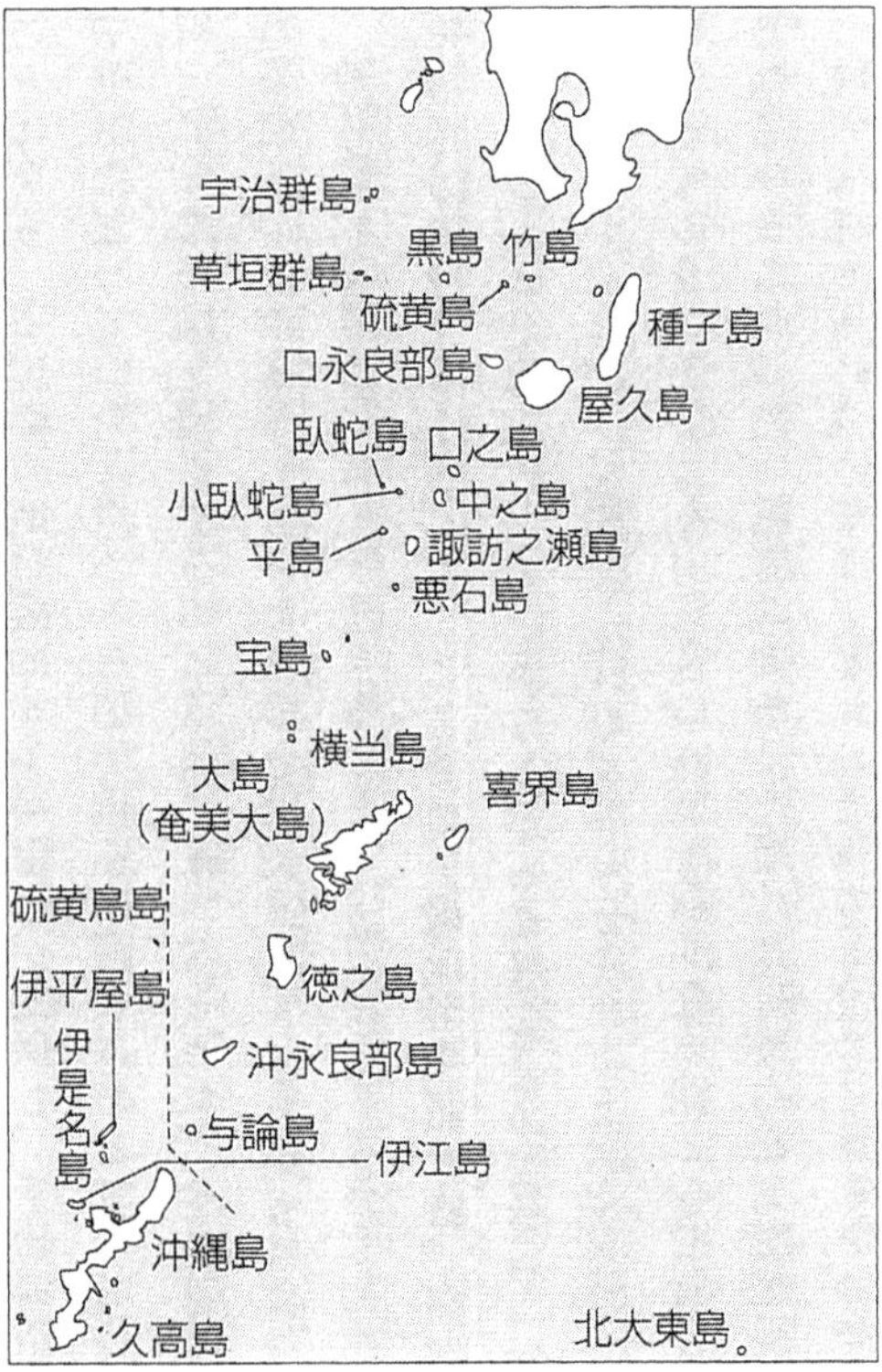

南西諸島地図

能であり、必ずしも川辺郡の郡域を面的な土地として所有している必要などない。譲状に出てくる地名のうち、領主の直営地であった用作は直接的な支配が展開していた可能性はあるが、それ以外の村・港湾・島については、どれも上納の単位でしかないのである。

島の貢物

所領は必ずしも土地ではない。中世史では一般的なこの前提を飛び越えて、鎌倉後期に北条氏は千竈氏を代官として南西諸島まで支配下に置いていた、という言説を見かけることがある。しかし繰返すが、その立脚する史料である千竈時家譲状には、すでに形成されていた川辺郡と南西諸島からの上納の仕組みに対して、川辺郡地頭代官職と郡司職がその一部を徴収していた、職としての所領であるとだけ書かれている。それ以上の情報はない。

譲状のなかでは均質に見える各所領も、地続きになっている薩摩半島内部の川辺郡と、海を隔てて散在し遠く離れた島々とでは、上納の程度も異なっていたのではないだろうか。けれども、地頭や郡司が「恒常的に上納されている」と見なしうる実態が続く限り、その収益は職に付随するものとして、資産価値を持つ所領の一つとして譲状に記載されうる。

譲状に島が記載されていることの意味を、村井章介氏は「交易に関わり、交易を管理することで実現される経済的権益」と指摘している〔村井　一九九七〕。日本から南回りで琉球・中国大陸に至る航路が存在し、つまりは南西諸島が東シナ海流通の大動脈だったことからすれば、その交易に対する徴収権限として、島が資産価値を持っていたと考えられる。

そしてもう一つ、よりシンプルな上納としては、南西諸島の島々と博多などの間を往来する船が、寄港した坊津（ぼうのつ）や大泊津で納めていた「交易上分」だった可能性もあるだろう。川辺郡地頭代官職・郡司職が坊津・大泊津に権限を持っていたことは譲状から明らかであるし、そこで津料の徴収が行われていたことも確実である。荘園公領制という社会の仕組みの中で、既存の流通ルートに恒常的に乗っている島々での交易品に対して、港湾での賦課が津料徴収に織り込まれる形で、地頭・郡司の得分として恒常化していたとしても不自然ではない。譲状に登場する島の名前を、このように考えることができるとすれば、島々を郡域に含むという川辺郡郡司・地頭の認識はともかくとして、島の側では川辺郡に帰属しているという意識すら希薄だったことになるだろう。

話は飛んで江戸時代のことになるが、慶長十四年（一六〇九）の島津氏による琉球侵入以後、与論島以北の奄美諸島は薩摩藩領とされ、毎年の年貢は薩摩藩に納められることになった。だが琉球国王が代替わりをし、新国王が即位するときだけは、奄美諸島からも進物や人夫などが貢進され続けた。奄美諸島の支配権は薩摩藩に一元化したわけではなく、琉球との両属的な支配状況が、近世社会にも生き残っていたのである。島からの貢物の存在だけによって島の帰属を断定することが、いかに早急な議論であるか、この事例だけからでも明らかであろう。

安藤氏と千竈氏は比較できるのか

列島の北と南の境界領域で交易に関与し、いずれも得宗被官という共通した属性を持つことから、北条氏による専制の象徴としてしばしば同じ俎上に載せられてきた安藤氏と千竈氏であったが、譲状という経済基盤の検討からすると、〈海の勢力〉としては必ずしも共通性を持つとはいえないようだ。

長期化する蝦夷内乱の中で、北条氏によって取り立てられたのが安藤宗季であり、津軽半島西海岸というローカル性が強い所領を基盤としていた。北条氏の直属の家臣たちが下向してくる陸奥湾沿岸部には入り込むことができず、津軽海峡を行き交う船の存在を前提に、ナワバリから徴収した通行料を収益としていた可能性が高い。蝦夷動乱の過程で得宗被官のトップであった長崎高資に賄賂を届けていたというエピソードも、得宗被官内部での階層性を示唆しており、ローカルの〈海の勢力〉の側から政権中枢へ接近していく事例としても興味深い。

一方の千竈氏は、もともと得宗被官として数代を重ねてきた氏族であり、尾張などの沿岸部での所領経営の実績から〈海の勢力〉を編成した経験はあるかもしれないが、千竈氏自身が薩摩国川辺郡にいつから定着し、在地性をどれだけ身に付けていたのかが判断の分かれ目となる。

生え抜きと天下り

千竈時家譲状と同日付で作成された三男宛の譲状には、同じ嘉元四年（一三〇六）七月十七日付で北条貞時の外題安堵が据えられていた（『鹿児島県史料　旧記雑録拾遺　家わけ六』千竈文書三号）。譲与に際し、安堵下文のような主人の花押がある文書を発給されるのに比べると、提出した譲状の右端（古文書学では「袖」という）に据えられた外題安堵はより簡略な方法であり、伝来する得宗による外題安堵では、この千竈氏のものと津軽曾我氏に宛てた一通が知られるのみであるという（［小泉　一九九六］）。嘉元元年（一三〇三）の鎌倉幕府による外題安堵法（鎌倉追加七〇三号）の影響を受けている可能性はあるにしても、千竈氏と曾我氏が、北条得宗家にとって外題安堵に移行しやすい、従属度の強い被官関係だったことは明らかである。

また、有名な徳治二年（一三〇七）円覚寺毎月四日大斎番文（「円覚寺文書」『鎌倉遺文』二二九七八号）は、北条貞時から、父時宗の仏事供養の負担を命じられた得宗被官九十四人を列記した史料であるが、そこにも相続から間もない「千竈六郎（貞泰）」が明記されていた。おそらく千竈氏は、鎌倉にいて北条得宗家の御内人として日々の仕事をこなしており、ずっと薩摩に張り付くのではなく、一時的に在国する程度のものだったのではないだろうか。いわばこれは、中央官僚の天下りのようなものであり、現地ですでに形成されていた職の収益体系を引き継いで、千竈氏は自身の得分としたのである。

千竈氏が下向したころ、現地ではもともと郡司だった河辺氏も健在であった（「五味克夫　一九九七」）。薩摩国川辺郡の場合、平安後期に成立した島津荘という巨大荘園と、既存の大宰府による国衙機構とがせめぎあうことで在地の貢租が再編され、口五島・奥七島・奄美諸島からの慣例化した貢納を含め、郡司職が大きな権限を握っていたようだ。もともとの郡司であった河辺氏が在地で島からの貢納を管掌し、ナワバリを確保していた可能性が高く、千竈氏はその上部構造として、職にもとづいて得分権を獲得していたのであろう。郡司職が在地の〈海の勢力〉に影響力を保持したことは、隣の大隅半島で禰占郡の郡司が南北朝内乱時に兵船を調達していることなどから類推でき、やはり郡司河辺氏の存在感は無視できないものがあったとすべきである。下向から間もない千竈氏が、郡司職にあった河辺氏と協調することなしには、在地において〈海の勢力〉との関係を維持することもできなかったのではないだろうか。

境界の「海の武士団」「海の領主」として共通性が指摘されてきた安藤氏と千竈氏であるが、北条氏を頂点とするヒエラルヒーの中では、異なる位置づけにあった。そのため、ローカルに根を張った安藤氏は北条氏権力の滅亡後も南北朝内乱をかいくぐって室町期まで勢力を保つのに対し、千竈氏は内乱の過程で小領主へとやせ細っていき、室町前期には守護島津氏の分家筋である薩州家島津氏に臣従して川辺郡を離れていってしまう。その行く末にも、両者の性格の違いは現れていた。

北条氏と海上交通ネットワーク

安藤氏のように在地で生え抜きの〈海の勢力〉を取り込んでいくにしても、千竈氏のように政権中枢の家臣に在地の〈海の勢力〉を編成させていく方法を取ったにしても、北条氏がローカルの力を直接的に吸収し、系列化していくことからは、日本列島沿岸部の海上交通に強い関心を寄せていたことは明らかではある。ただ注意したいのは、北条氏が独自の交通ネットワークの直接的経営を目指したわけでもなければ、ドラスティックな航路の再編を行ったわけでもないことである。北条氏という政治権力の画期性・特殊性を強調するあまり、この点を捨象してしまうのは早計であろう。

本来的には、荘園公領制のもとで、諸国の荘園・公領からの産物が年貢や商品となって中央の京都・奈良や鎌倉に送り込まれていく定期的な流通体系が成立していることを前提にしなければならない。北条氏といえども、その流通ネットワークに依存しており、第一章に登場した、漂着船として没収された関東御免津軽船の例に見られたように、ネットワークそのものは自律的であり、かつ在地の側も北条氏という中央の支配に一方的に従うばかりではなかったのだ。北条氏が沿岸部所領の集積を図り、千竈氏など被官を直接送り込むことで〈海の勢力〉を系列化し、「関東御免」という特権を与え、海上交通への影響力強化を目指していたとしても、それに反発するローカルの〈海の勢力〉もあり、結果的に港を行き交う廻船は自律的な航行を続けていたと考えるべきである。

〈海の勢力〉の系列化

北条氏が多くの地頭職・守護職を集積していったのは、たしかに畠山・和田・三浦といった有力御家人を滅ぼしていった権謀術数の戦果だが、その果実を享受するためには、在地の編成をある程度進めていかなければならなかった。得宗被官が地頭代官職となって支配権を確保しつつ、現地の有力者を所務代官などとして登用することで安定した収取を図るのである〔入間田　一九七八〕。とくに沿岸部にある北条氏所領では、在地の〈海の勢力〉を取り込む必要があり、千竈氏が相伝した職による得分権獲得も在地の〈海の勢力〉を配下に置くことで実現したものであった。

その〈海の勢力〉取り込みの手法は、鎌倉前期に地頭となって現地に下っていった御家人たちと基本的には変わらないものだ。平氏政権を打倒した後の平家没官領、承久の乱後の没収所領などにより、とくに西日本において鎌倉幕府の影響力は飛躍的に増大し、現地での荘園領主との対立関係に付け入ることで、地頭は在地でのシンパをまとめあげていく。そこには当然〈海の勢力〉も含まれたはずで、彼らと協調した地頭は、ともすれば彼らと同じ目線に立って、寄船を処分するなどした痕跡が幕府法令には刻み込まれていた。千葉氏のように、東国に残留した惣領家よりも、蒙古襲来時に九州に下った庶家のほうが後々まで勢威を保つのも、案外とこのためかもしれない。前代以来の複雑な人間関係を継承することのなかった西遷御家人のほうが、新たな主—従の関係に在地の〈海の勢力〉を位置づけやすく、彼らからの上前を得ることで、流通に寄生することができた可能性も高いのだろう。

蒙古襲来後、北条氏はこうした動きを加速させる。北日本では、陸奥北部の外ヶ浜を中心に陸奥湾を直属の得宗被官で固め、蝦夷大乱によって安藤宗季を登用していた。〈海の勢力〉の対立状況をうまく利用して、在地の有力者を主—従の関係に引き込むのである。一方で、千竈氏や曾我氏など、直臣的な存在の得宗被官を現地に送り込んで、〈海の勢力〉を掌握しようとしていく。こうした露骨な囲い込みに対して、当然反発する反北条系の〈海の勢力〉も出現しただろう。この時期、二極化と対立の深まりという流れが全国の沿岸部で起きていくことになる。

対立の深刻化から、対立する他者を「海賊」「悪党」と呼びながら、その本人も行動自体は「海賊」「悪党」に他ならないという、全国的な「悪党」問題の発生の展開と同じ事態が進行していたのだ。

その張本人であった北条氏があっけなく滅亡すると、各地の〈海の勢力〉たちが、反幕府の看板であった後醍醐天皇を支持していったことは網野善彦氏も強調しているところだ（[網野　一九九四b]ほか）。続く南北朝内乱の中でも、熊野水軍と呼ばれた紀伊半島の諸氏や、瀬戸内海の忽那氏など、南朝を支持し、そのために北朝側からは「海賊」と呼ばれた〈海の勢力〉は数多い。そこから網野氏は北条氏による海上交通への専制の苛烈さを指摘していくのだが、北朝方となった〈海の勢力〉もあり、個々の氏族にとって南朝・北朝どちらを支持するかは彼らの置かれた境遇のなかでの判断であり、利己的な部分もあることに注意するべきであろう。

南朝の陰に隠れて見過ごされがちだが、実際の北朝（つまり室町幕府）と〈海の勢力〉との付き合い方には、北条氏と相通じる部分も多い。その様子を次に見てみよう。

2 〈海の勢力〉と手を結ぶ室町幕府

内乱のために

室町幕府といえば、日本史上の「幕府」でも、ひときわ影の薄い存在ではないだろうか。教科書でも南北朝内乱から戦国の動乱への端境期的に扱われ、十五人もいる足利将軍にしても、三代将軍義満(よしみつ)が金閣寺と日明貿易で明るい印象を与えるくらいで、残りの将軍は本当に影が薄い。応仁の乱を引き起こした八代将軍義政(よしまさ)や、織田信長に担がれた十五代将軍義昭(よしあき)はネガティブな暗君イメージが強く、どうにも良い印象を持ちにくいといった声もあるだろう。

ともすれば政治体制の弱さばかりが強調される室町幕府だが、こと〈海の勢力〉に関するかぎり、この時期は無視できない。しかも面白いのは、〈海の勢力〉が政権機構の一端を担い、その存在感を強烈に放つようになることである。

それというのも室町幕府が、成立当初から後醍醐天皇系列の南朝勢力と対立し、続いて足利家内部の路線対立から観応の擾乱という内部分裂を引き起こし、つねに各地での軍事的な緊張を抱えたまま、権力基盤を作り上げなければならなかったためである。とくに全国的に内乱が蔓延し、その克服が室町幕府にとって至上命題となると、内乱を鎮静化させるために幕府はあらゆる手段を講じていく。手薄になりがちな地方において幕府方の勢力を維持するため、幕府によって任免された守護には、「苅田狼藉」の取り締まりや「使節遵行」など、大きな権限が与えられることになった。苅田狼藉とは他人の他の稲を勝手に刈り取ることを指し、もとは法廷の場で解決されていたものが、守護の専権事項に移され、守護が在地への影響力を強めるきっかけとなった。使節遵行も同様に、幕府の命令を盾として、在地での幕府・守護使節の活動を保護する行為であり、やはり守護が在地への介入を強める一因となった。

こうした中、各国沿岸部に展開していた〈海の勢力〉も守護のもとに編成されていくようになるのである。その具体的な証言に耳を傾けてみよう。

朝鮮側の証言

後に見るように、とくに十四世紀中頃から朝鮮半島は倭寇の被害に悩まされていた。日本とは倭寇の住む国であり、彼らの活動を取り締まることができるかどうか、情報を集めて分析を重ねていた。朝鮮では、日本に派遣した通信使に詳細なレポートを提出させており、そこには同時代の日本史料には見られない豊富な歴史情報が含まれている。一四二九（永享元）年に日本へと向かった朴瑞生（パクソセン）のレポートでも、対馬から兵庫の沿岸部における「賊」の様子が次のようにまとめられていた（韓国国史編纂委員会編『世宗実録』世宗十一年〔一四二九〕十二月乙亥条）。

博多湾沖の志賀島（しかのしま）、周防上ノ関（すおうかみのせき）（竈戸島）、屋代島の「賊」は大内（おおうち）氏を主とし、同様に、玄界灘の宗像大島・的山（あづち）大島は宗像氏が、豊後国（ぶんごのくに）の沿岸は大友（おおとも）氏が、壱岐（いき）・平戸の諸島は呼子（よぶこ）氏など松浦党の諸氏が掌握しているというのだ。いうまでもなく、ここでの「賊」が、本書でいう〈海の勢力〉である。朴瑞生の認識によれば、〈海の勢力〉を守護や、それに準じる有力国人が掌握していたのだ。

レポートはさらに、赤間関（あかまがせき）（現在の山口県下関）を境に、「東」瀬戸内海の賊と「西」北部九州の賊に分けたうえで、その対処方法も述べている。赤間関、つまり関門海峡を管轄する大内氏が認めないかぎり、東の賊は西に向かうことができない。また、対馬の宗氏が島内への寄港を認めなければ、水の補給もできず西の賊たちは朝鮮半島に往来することもできない。つまり大内氏と宗氏が現実的な倭寇対策のキモとなる、というものだ。

当時の倭寇問題については先行研究（［田中健夫　一九六一］ほか）を参照していただくとして、ここでは西日本沿岸部の〈海の勢力〉の一部が倭寇の実行犯である一方、その地域の守護・国人となんらかの主―従の関係にあったことを確認して次に進もう。

九州探題による海上警固

もう一つ、朝鮮側の史料で当時の〈海の勢力〉の状況を見ておこう。朴瑞生が来日する少し前に、やはり朝鮮国王の使者として日本を訪れ、北部九州から瀬戸内海を経て京都までを往復した宋希璟（ソンヒギョン）の紀行詩文集『老松堂日本行録』である。なかには少し大袈裟な記述も見られるが、エトランゼとして旅の記録をまとめたものであるだけに、私たちにも当時の日本社会について新鮮な情報を与えてくれる貴重な史料である。

宋希璟が来日したのは一四二〇（応永二十七）年のことであった。その詳しい経緯は岩波文庫版『老松堂日本行録』に付された村井章介氏による丁寧な解説に譲るが、なにしろ倭寇のすみかであった日本を海路で旅しなければならないことから、相当に精神的な負担を強いられていたことが記録の端々に表れている。スピードの速い船を見れば海賊かとヒヤヒヤし、夜中に聞きなれない声が響けば海賊たちの暗号ではないかと疑う。目覚めてみれば雉の鳴き声だったというオチまで書いてくれているが、ヒヤヒヤ、ハラハラしながらの道中だったことは間違いない。

スリルに満ちた日本の旅で、使節一行を保護したのは、守護や探題といった幕府配下の武家方であった。こうした保護は中世史料では「警固」と呼ばれるもので、通行する船や旅人の安全を確保し、そのエリアを無事に次なる目的地まで送迎する行為である。使節の船が博多に向かう直前にも、入港しようとすると港から小船が猛スピードで向かってくる。「海賊だ」とあわてて武装を整えると、じつは探題の意を受けた警固を担う者であったという。宋希璟が「海賊」かと恐れ、じつは警固を担っていた彼らは、博多湾周辺にあって九州探題の配下に属していた〈海の勢力〉だったと思われる。

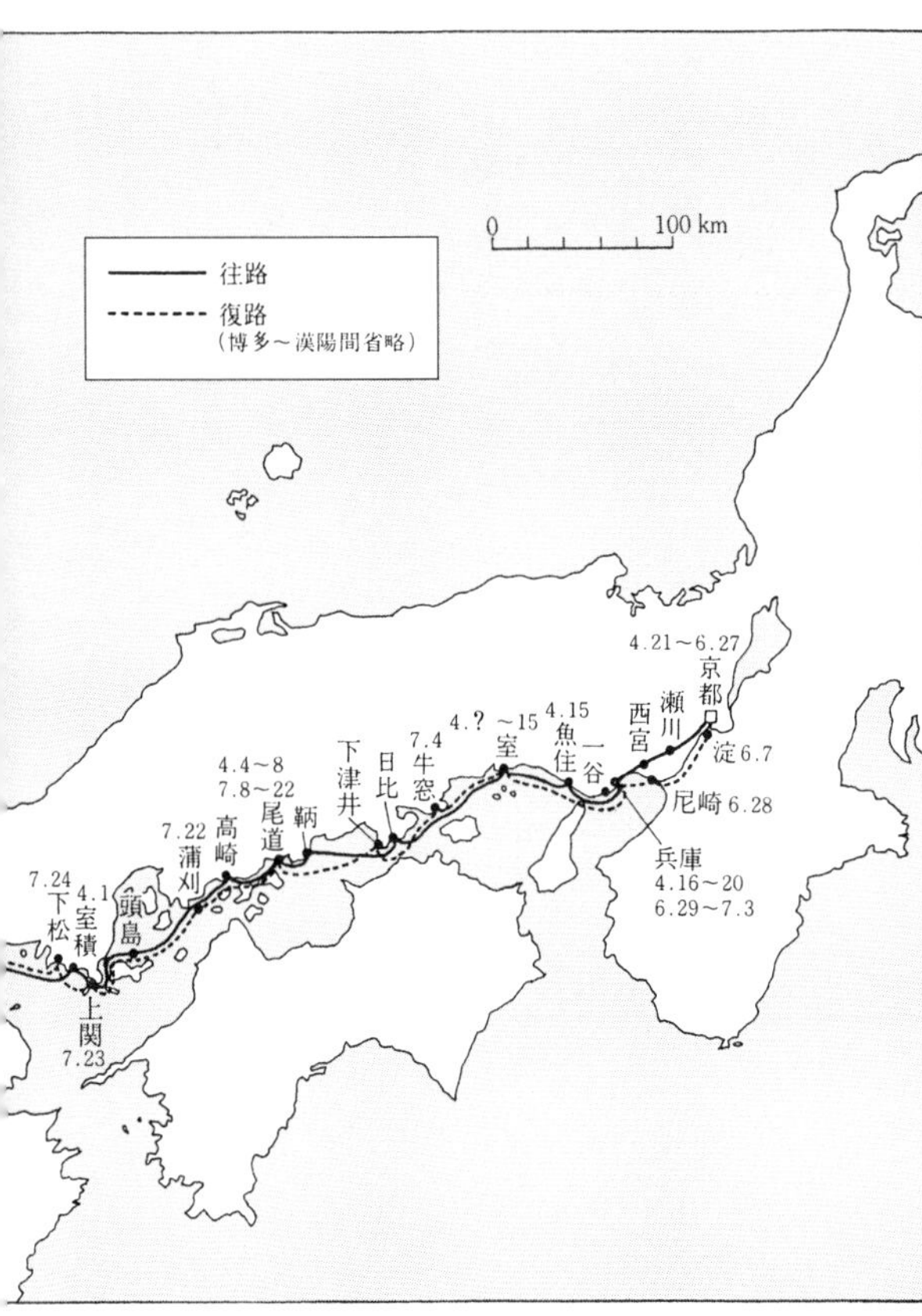

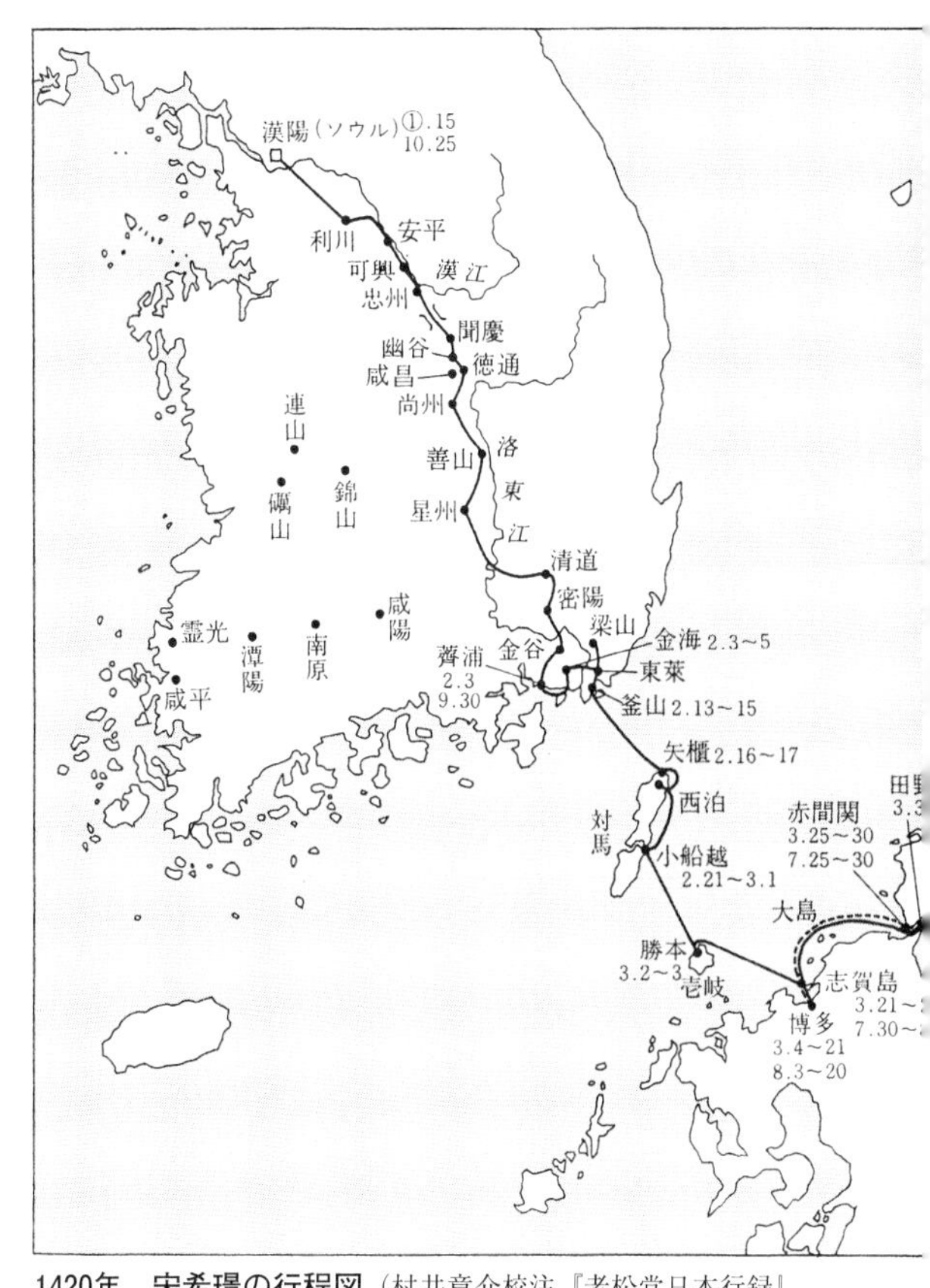

1420年　宋希璟の行程図（村井章介校注『老松堂日本行録』岩波文庫を参照）

当時の九州探題は渋川氏であった。探題は遠国の統治のために室町幕府によって設置された役職で、渋川氏など足利氏一門が現地に下向し、現地の軍事指揮権を掌握していた。探題は諸国におかれた守護よりも上位に置かれ、九州における最大の港湾都市であり、アジア航路への窓口でもあった博多を拠点としていたことから、博多を中枢とした海のネットワークにも影響力を持ち、警固を実現させていたのである。とくに博多で使節一行を迎えた船は武装していたことから、探題配下に属し、武士身分に組み入れられた〈海の勢力〉だったのであろう。こうした警固の仕組みは南蛮船をめぐる、九州探題の対応からもうかがうことができる。

警固としての上乗

意外に思われるかもしれないが、十五世紀初頭の日本には、「南蛮」として東南アジア諸国からの貿易船が相次いで来航していた。明(みん)国の成立を受けて東アジアに新たな国際秩序が形成されるとともに、海上交通が厳しく統制されたために大陸から東南アジアに拠点を移した華僑勢力が、日本や朝鮮との交易を求め来航していたのである。とくに九州には例年のように東南アジアからの貿易船が来航し、ベトナムやタイ産の陶磁器だけでなく、象や孔雀などの珍しい動物も運ばれていたことが、史料や考古学の発掘成果などから判明している。南蛮からの貿易船も、当時の国際秩序を踏襲して、東アジア国際社会に外交デビューした日本国王(足利将軍)に派遣されたものだったため、博多の九州探題は貿易船を保護し、航行の安全を図らなければならない。

東シナ海に南東風が吹き始める春先は、南蛮船が北上してくる季節である。薩摩半島の諸氏から南蛮船来航の一報を受けると、九州探題渋川満頼(みつより)はそれを京都の幕府に知らせて指示を待った。使節のランクや幕府の判断によっては、兵庫まで、あるいは上京させて将軍への対面も行われる場合もあったが、博多までの来航しか許されなければ探題名義で彼らに対応することになる。しかも九州沿岸の海上警固は探題が実現できるように、九州沿岸部の〈海の勢力〉をある程度掌握しておかなければならない。

とはいえ南北朝内乱が長引いた九州では、武家諸氏の内部分裂も解消されずにくすぶり続け、とくに南部では守護である島津家が総州家と奥州家に分かれたまま、抗争を激化させていた。島津総州家を支持した探題渋川氏は、幕府の裁許を仰ぐべく、代々の安堵関係文書の複製を幕府に提出するよう命じ、それを南蛮船に同乗させる「上乗」に持たせるように言いつけている（二月二十四日付、芥河愛阿書状『鹿児島県史料　旧記雑録附録二』二二四号文書）。

ここでの上乗も、南蛮船を警固し、安全に航行させる目的から、沿岸部の海の世界に通じたものでなければならないため、〈海の勢力〉の一員であったと考えられる。しかも、守護の系譜にある島津総州家の配下にあって、探題のもとに証拠文書を持参できるような、ある程度の社会的身分を有していなければならない。おそらくは南北朝内乱の過程で探題―守護の系列に属してきた、在地における〈海の勢力〉のリーダー的な立場にある人間だろう。同じ上乗ではあっても、第一章で見た〈海の勢力〉によるナワバリでのローカルな上乗とはやや異なり、探題という幕府方の指示による点では公的な上乗とすることもできる。

このように探題は九州沿岸各地の〈海の勢力〉を公的な上乗に編成することが可能であり、これによって、外国船の警固を実現していたのである。

警固のリレー

博多に着いた朝鮮使節一行の話に戻ろう。使節一行が上京するには、他の外国船と同様に、博多の九州探題から京の幕府へと使節到着が報告され、幕府から許可が下りるのを待ってようやく東へと航路を進めることができた。この報告から許可までの間、使節は博多に足止めされるのである。こうしたチェックポイントは博多・赤間関・兵庫の三ヵ所で行われ、幕府からの進行許可が下りるまで、使節はそれぞれ滞在を余儀なくされたのであった。

博多から赤間関までの航路で、使節を警固したのは探題被官の伊東氏である。使節を送り届け、赤間関への到着を幕府に報告するまでが、探題の任務であった。続く瀬戸内航路は、沿岸諸国の守護たちが警固を担うが、守護は自身の管轄国の沿岸部しか警固できないため、何人もの守護による警固のリレーによって使節たちは送り届けられていく。

まずリレーを請け負ったのは長門(ながと)・周防(すおう)の守護大内氏で、ある港町では近づいてきた小船も大内氏の警固船を見て逃げ帰るなど、それなりに実態のある警固だったらしい。だが、周防を過ぎて安芸・備後の沿岸に入ると、幕府の指示が行き届かないようで、警固も雲行きが怪しくなる。『老松堂日本行録』のなかで、〈海の勢力〉が海賊としての性格を前面に出している安芸・備後沿岸部は、それゆえに興味深い記述が続く。かつて朝鮮使節が海賊に襲撃され、幕府への進物から道中の食糧まで身ぐるみはがされたという高崎の近くでは、今回もたくさんの乗組員で溢れた小船が猛追してきて、使節の船も急いで武装しなければならなかった。

このエリアの緊迫感は、復路でも変わらない。第一章で海賊の慣行として上乗の事例を紹介したのも、朝鮮使節が高崎を過ぎて蒲刈に入るころの出来事であった。上乗を雇う契約が成立すると、たくさんの「賊」が小船で近づいてきて、朝鮮使節の船内を見学したいといってきた。船に上げ見学させていると、一団のボスである「僧」と宋希璟は語らい、ついでボスの家に誘われている。宋希璟が「吾人と異なるなし」とするように、このボスは相応の教養を持ちあわせ、茶の嗜（たしな）みも持つような文化的なスキルを身に付けた存在だった。ここから、〈海の勢力〉のリーダー層は、当時の社会的な地位の中で、一定のポジションにあったものと推測することも可能だろう。

しかしその集団としての行動は、まさしく海賊としてのそれであった。彼らの船に宋希璟が乗り込んだ際、漏れ聞こえた乗組員の会話には「朝鮮の船には金目のブツは無いから、この後に来る琉球船に積み込まれているお宝を頂戴してやろう（朝鮮の船は則ち本より銭物なし。彼の後より来る瑠球の船は多く宝物を載せたり。若し其の船来れば則ち奪取せん）」と、略奪者としての本音を暴露していた。これも第一章で見た海のナワバリという意識を前提にすれば、〈海の勢力〉の生業の一つとして理解するべきものであることはいうまでもない。

山名氏と〈海の勢力〉

安芸・備後の沿岸で海賊が跋扈する事情を、たんにこのエリアが海賊の住処となっていたという理解で満足するのは表面的であろう。海賊も〈海の勢力〉の一面にすぎないという本書での捉え方からすれば、このエリアでは将軍―守護―〈海の勢力〉による警固が十分に機能しておらず、その影響と見るべきである。事実、宋希璟は蒲刈周辺について「此の地は……王令及ばず」、つまり足利将軍（日本国王）の威令が行き届いていないためと説明しているのだ。

当時の安芸・備後守護だったのは山名氏であった。山名氏といえば足利氏一門で幕府の重鎮であり、後に見るように沿岸部の〈海の勢力〉とも関係性を構築しているので、実際に朝鮮使節の警固を担当できなかったとは考えにくい。ただ、この二年前に幕府では、将軍義持の弟で、父義満に偏愛された義嗣を将軍職に据えようというクーデター計画が露見し、山名氏もこれに関与していた（『看聞日記』応永二十五年〔一四一八〕六月六日条）。このために、一時的に将軍と山名氏の関係が疎遠となり、警固のリレーを全うすることができなかった可能性はあるだろう。「王令及ばず」の一因として提示しておきたい。

ほどなく山名氏は幕政の中枢に復帰し、六代将軍足利義教の時期には、義教によって復活することになった遣明船を警固するために大きな役割を果たすことになる。このころ九州探題渋川氏は少弐氏・対馬宗氏との抗争により軍事的な影響力を後退させ、博多を拠点として維持することもできない

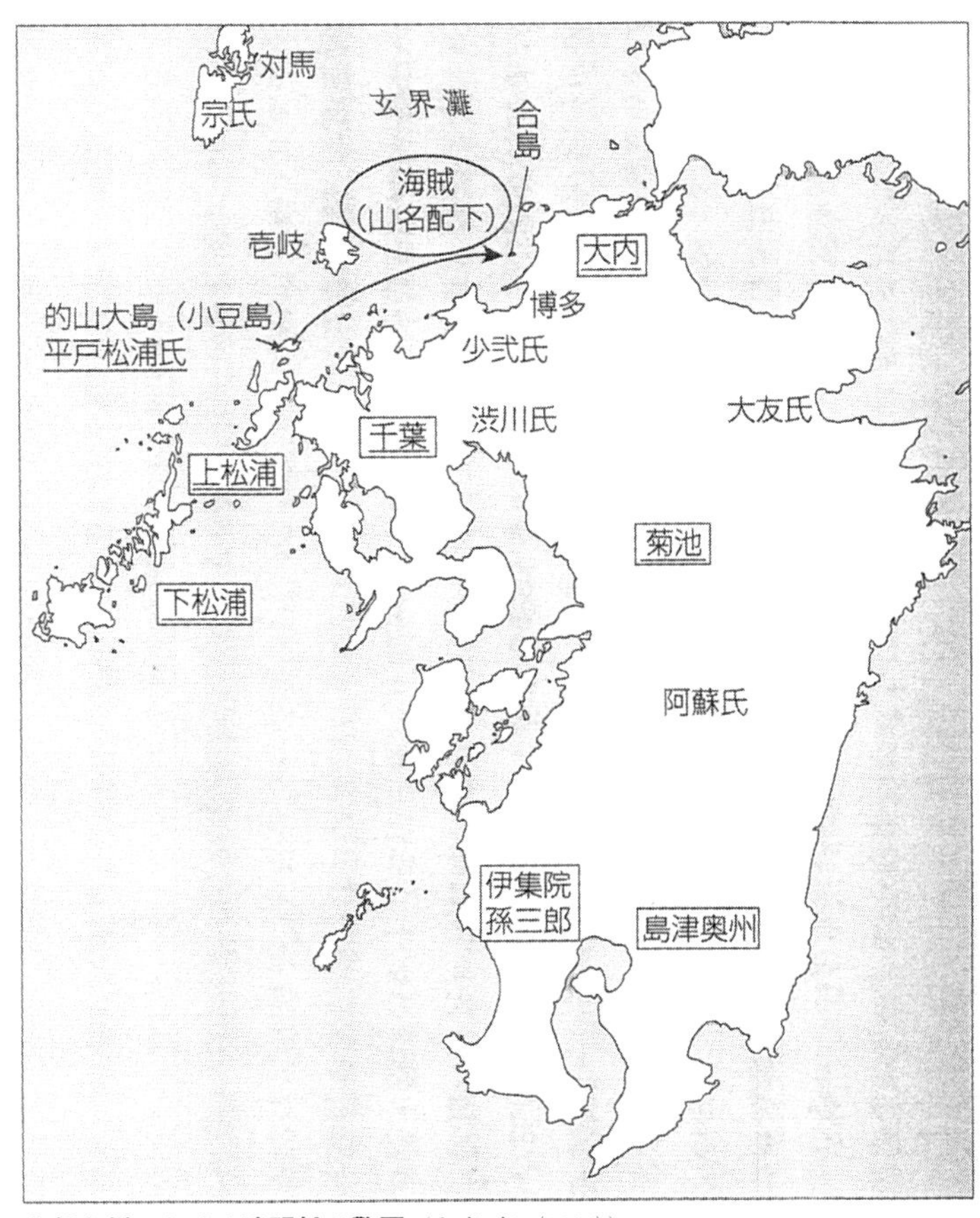

北部九州における遣明船の警固（永享6年〈1434〉）

ありさまだった。実質的に探題不在の状況で、北部九州を通る遣明船の警固という難題を前に、白羽の矢が立ったのは山名氏配下の村上氏をはじめとする、備後の「海賊」たちであった（『満済准后日記』永享六年〔一四三四〕一月二十日条）。

これにより玄界灘を越えた遣明船は、大内氏など九州〜瀬戸内海沿岸諸国の守護たちによって警固のリレーをされることで京都まで向かった。ここでも将軍―守護―〈海の勢力〉という指示系統がなお健在だったわけだが、注意したいのは、事実上の探題不在という非常事態とはいえ、山名氏配下の備後海賊が北部九州で警固行為を行っていることだ。第一章で見たように、そもそも〈海の勢力〉とは、ナワバリに基づくローカルの論理を正当性にして、通行者たちからの徴収を生業としていた社会集団である。その彼らが、将軍、そして山名氏という守護の要請を受けて、まったく別の海で軍事的な警固を行っていたことになる。ナワバリを越えたエリアでの活動を、政治権力の指示を受けて遂行した点で、〈海の勢力〉の歴史の中で一つの画期であったとすることができる。

細川氏と〈海の勢力〉

山名氏と並んで室町幕府の有力守護だった細川氏は、一族で摂津・和泉・淡路・阿波・讃岐・備中などの守護職を獲得し、瀬戸内海東部における海の世界にも大きく関与していた。このうち、細川成之が文正元年（一四六六）に、守護職を務めていた阿波国に宛てて出した段銭徴収に関する条書には、「一、公物色々運上之時、船水手幷人夫、伝馬、海上警固、上乗等、用次第可申付事、」とあった

（『中世法制史料集　第四巻　武家家法Ⅱ』一八六号）。幕府・朝廷に納めるべきものを運ぶに際しては、運送船を漕ぐ水手や、海上での警固要員などを阿波国内に命じて集めるというものだ。水手も警固も阿波国沿岸部の地理や海況に通じていなければならない特殊技能者であり、細川氏が日常的に沿岸部の〈海の勢力〉を支配下においていたことの証左となるだろう。しかも上乗は九州採題の事例と同様に、警固としての上乗であり、ある程度の社会的身分を有していなければならない。阿波の〈海の勢力〉のリーダー層が、細川氏のもとに主―従の関係によって編成されていたことがわかる。

一方、十五世紀後半になると、細川氏は琉球との交易に執心するようになるが、その際には、分国の〈海の勢力〉も細川氏の意を受けて動くようになる。永正十三年（一五一六）に起きた、三宅国秀という備中の「海賊」が薩摩国坊津で殺された事件もその一環であった。事件そのものは薩摩の守護であった島津氏の内紛など諸事情が複合したことによるが（［新名　二〇〇六］）、三宅国秀が備中国の守護細川氏と関係が深かったこと、応仁の乱後に幕府政治の中心にあったのが細川氏だったこと、その細川氏により琉球交易が熱心に進められていたこと、折しも琉球船が坊津に来航し、そこに接触しようとしていたのが三宅国秀だったことなどから、三宅国秀は細川氏の意を受け、琉球船を警固するために坊津まで来たものと推測されている（［黒嶋　二〇一二a］）。史料では「海賊」とされた三宅国秀が、じつは細川氏と関係のある〈海の勢力〉で、遣明船を警固した山名氏配下の〈海の勢力〉と同じように、体制側からの要請を受けて水軍的な警固にあたったのだろう。

そのままの「海賊」で

遣明船の警固を、幕府支配が及びにくいエリアにおける軍事的な活動の一環とするならば、縁もゆかりもない海に派遣された時点で、備後の村上氏など〈海の勢力〉は守護山名氏の水軍的な性格を強くしていたという見方もできる。たしかに源平合戦や南北朝内乱の過程で、水軍として活躍した〈海の勢力〉は数多くあるが、それらは全国的な紛争時における自己保身の意味も込めて、なによりも自身が敵対する勢力と抗争していかなければならないという特殊な状況のもとでの選択であった。しかし遣明船の警固に関していえば、警固することに直接の必然性は乏しく、遣明船への略奪者＝備後の〈海の勢力〉の敵対者という図式にはならない。あくまでも彼らは、将軍の命を受けた山名氏の指示に従って、ナワバリの外で、自身とは直接の利害関係にない遣明船を警固したのである。九州探題から南蛮船を保護するために公的な上乗を命ぜられた〈海の勢力〉や、細川氏の意を受けてさまざまな警固にあたっていた〈海の勢力〉も同様である。

ここに、室町幕府の守護などと〈海の勢力〉の強い癒着が生まれていることが分かるだろう。山名氏に限らず、大内氏や、博多を確保していた時期までの九州探題渋川氏にも同様の事態が確認でき、〈海の勢力〉が探題や守護といった幕府支配の一環に編成されていったことは明らかである。南北朝内乱を乗り越え、各地で蔓延する地域紛争を解消していくために、幕府が大きな権限を与えた探題・守護といった地域支配者によって、各地の〈海の勢力〉にも他の領主と同様に所領・所職を宛行(あてが)うことで取り込んでいったのだろう。将軍を中心とした主―従の関係による系列化が進んだのが、室町時代の特徴である。

このように室町期の守護たちは、管国内沿岸部の〈海の勢力〉を「海賊」と呼んで、事実上の被官に近い存在として把握するようになるのである。ともすればこれも、「海を志向する武士」の一例であるように思えるが、実態はもっと複雑である。しかも、もともとは反体制的な行動を意味した「海賊」が、政治体制側の史料にそのまま使われるようになることにも、この時期ならではの問題が横たわっていた。これは守護の目線と幕府の目線、それぞれから考えてみよう。

3　癒着の温床

警固の代償

宋希璟が「王令及ばず」と端的に記したように、幕府内で将軍と探題・守護との関係性が損なわれると、そのエリアでの〈海の勢力〉の水軍的な活動も見られなくなる。そうなると幕府という体制よりもローカルの論理が優先され、上乗慣行など在地の秩序によって航行者たちに寄生する環境が復活する。

外国船を警固する場面でも、同じようなことは起きていた。たとえそれが幕府や守護の命令を受けたものであっても、在地への影響力が完全でない場合、警固の現場での対応は〈海の勢力〉に一任されていたらしい。

一四四三（嘉吉三）年、朝鮮使節が京都からの帰路、瀬戸内海を航行していたときに、伊予の沿岸で事件は起きる。使節一行の「護送者」たちが、寄り集まって大声で騒ぎ始め、ついには「杖」を手に暴れて、使節団の運ぶ「礼物」を奪おうとしたのである（『世宗実録』世宗二十五年十月甲午条）。あわてた使節は、礼物はお前たちの「国王（将軍）・管領」から預かったものである、これ以上「無礼」を働くなと、「再三」制止するのだが、かえってますます騒ぎ立てるばかり。仕方なく銭を与えると、パタリと静かになった（［須田　二〇一一］）。

いうまでもなく「護送者」たちは、伊予の〈海の勢力〉であり、通行者からナワバリの通行料を要求したのである。それが支払われないのなら実力行使で略奪をするのみ。彼らの日常的な行動形態が、たまたま朝鮮使節に向けられたために、たまたま朝鮮側の史料に残ったのである。

おそらくはこの時も、『老松堂日本行録』の警固と同様に、幕府から守護に宛てて朝鮮使節警固の指示があったはずだが、伊予の守護河野氏の支配が〈海の勢力〉に行き届いていなかったためか、いつもどおり通行料を要求してしまったのである。あるいは、想像をたくましくすれば、警固そのものは実現されていることから、河野氏は幕府の指示を〈海の勢力〉に取り次いだだけなのかもしれない。警固さえすれば、通行者からの徴収までも禁じるものではない、という消極的黙認である。

幕府に対しては外国船の警固を請け負いながら、在地では〈海の勢力〉の既得権益を黙認していたとすれば、守護は必ずしも幕府に従うだけの地方役職ではなく、〈海の勢力〉と同調もしていたことになる。外国船の警固とはいっても、その管国の守護が幕府に従属する度合いによって、地域ごとにバラツキのある警固のリレーが実情だったのである。

室町幕府の政治は日本列島全域を統一的・画一的に支配できていたわけではなく、将軍との関係性は各地域ごとにモザイクのような濃淡を呈していた。その関係性が、室町時代の〈海の勢力〉にとって、行動を規制する一つの要因であったことに注意しておかなければならない。彼らが恒常的な水軍とはなりえず、状況次第では海賊ともなること。それが中世の〈海の勢力〉を考える重要なカギになる。

守護の素顔

それでは、〈海の勢力〉と癒着していく守護という存在。彼らは、従来の〈海の勢力〉が収益基盤としていた、ローカルの論理による慣行（寄船、津料など通行料の徴収）をどのように見ていたのだろうか。事例を紹介していこう。

北陸の大野湊（おおのみなと）といえば、近世に城下町金沢の外港となることで知られているが、中世においても日本海航路にとって拠点となる港町の一つだった。応安五年（一三七二）のこと、いつもは多くの「商舟」で賑わっていた大野湊に、ぱったりと船が寄港しなくなり、「土民の歎き」「商売の煩い」と書かれるほど地域住民が著しく不利をこうむっていた。寄港数が減少した理由は、「公事・課役」、つまり津料の負担が大きすぎたためである。日本海航路をゆく船が、高額な津料から大野湊を避け、別の港湾に寄港していたのだろう（応安五年六月二日、室町幕府管領奉書「臨川寺重書案文」『大日本史料　六編之三十五』同日条）。

その高額な津料を賦課していたのは、守護の富樫（とがし）氏であった。しかも在地の側からの訴えを受け、幕府もたびたび津料の是正を富樫氏に求めたようだが、富樫氏は津料の引き下げに応じなかったらしい。津料の設定額が、周辺の他地域とのバランスを欠いたために、地域経済の衰退を招くことになっても、富樫氏が津料徴収による利益を求め続けた結果であろう。まるで経済学のテキストになりそうな題材だが、この守護にとってよそから来る船とは、地域経済の牽引役ではなく、自己の利潤をもたらすものでしかなかったことになる。富樫氏と大野湊の〈海の勢力〉との関係は明らかではないが、津料徴収に汲々とする姿は、守護自身が海賊行為を繰り返す〈海の勢力〉と同じ目線に立っていたものとすることもできるだろう。

こうした動きは、鎌倉時代末期、各地で「悪党」と同じレベルで暴走していった守護たちと通じる。たとえば一三一九（元応元）年、備後国尾道（びんごのくにおのみち）に乱入した守護長井（ながい）氏の配下が、殺人をはじめ神社仏閣から民家まで約千軒を焼き払い、大船数十艘に積み込んであった年貢などの物資を運び去り、「尾道で名の知れた悪党を取り締まってやる」と言って太田荘の荘官たちを捕縛していった。これを訴えた高野山（太田荘の領家にあたる）が作成した文書では、古来「守護不入」の地に乱入し狼藉をした長井氏に対し、「狼藉を鎮めるはずの守護が、国内で山賊・海賊・夜討・強盗を働いたではないか！」と厳しく糾弾している（元応二年八月日付、金剛峯寺衆徒等解状「金剛峯寺文書」『鎌倉遺文』二七五五八号）。

おそらくは長井氏側にもローカルの論理に基づく実力行使の正当性が存在したのだろうが、それゆえに「海賊」と同じ目線に立った行動様式であることは明らかである。港という流通拠点の富を前にして、ローカルの論理が応用されると、たしかに手っ取り早く富を掌握することができるだろうが、それは同時に、守護たちが海賊と紙一重の存在であったことを示してもいるのだ。

一色氏の場合

伊勢湾に面した知多半島の内海（うつみ）は、湾内の海上交通拠点として中世にも栄えた港町だった。古くは平治の乱に敗れた源義朝（頼朝の父）が東国で再起を図るべく内海に上陸したところ、平忠致（たいらのただむね）によって謀殺されてしまったというように、畿内近国と東国との接点として、歴史に名を遺してきたところでもある。室町期、このあたりは内海荘として、幕府ゆかりの禅寺、相国寺大智院の所領となっていた。

海上交通の拠点であった内海荘の場合、重要な収入源となっていたのが「廻船公事」である。その詳細な内訳は不明だが、内海に定期的に寄港する廻船から徴収されていた津料なのであろう。

そしてここでも、津料をめぐって、守護との紛争が起きていた。尾張国の分郡守護として知多郡周辺を支配していた一色氏の被官が、内海荘の廻船公事も抑留していたのである。これに窮した相国寺側は幕府に訴えたのだが、一色氏も足利氏の一門で幕府政界に参画する重鎮である。抵抗は長引いたようで、一年以上も係争は続いたらしい。一色氏の被官は「押妨」「違乱」をしたというから、実力行使を伴って、本来は荘園領主側に上納されるはずだった津料をも接収していたのだろう（『続史料大成　蔭凉軒日録』寛正元年〔一四六〇〕九月二十八日条ほか）。

想像するに、現地でこの行動に出た被官が、もともとは在地の〈海の勢力〉で、守護である一色氏と関係性を持つことで津料を抑留していたのではないだろうか。もっとも、幕府の法廷で長期間争われていることから、一色氏も事情は当然熟知していたはずで、守護の承認のもとに、津料が抑留されていたことになる。

実力行使

同じ『蔭凉軒日録』によると、当時一色氏は三河国の渥美半島でも船をめぐるトラブルを起こしていた。一色氏の「郡代」が、三河国赤羽禰郷に漂着した船を没収するだけでなく、在地の行政拠点である政所に火を放つなど「濫妨狼藉」を働いたのだ（『続史料大成　蔭凉軒日録』寛正元年〔一四六〇〕八月十七日条ほか）。知多半島の南側にある赤羽禰郷は太平洋に面し、このあたりは今でもサーフィンで賑わっているが、カレントという海流の流れが速く、波のサイズが上がるとビギナーにはハードなポイントである。中世においても、外洋からぶつかる波と潮の流れの速さにより、船舶の漂着も多発していたのだろう。在地にあって寄船の情報に接するやいなや、すかさず襲いかかる姿は、第一章に見た鎌倉期の地頭たちと変わりがない。

一色氏の「郡代」とは、時期的にも近く、行動パターンも類似していることから、知多半島で津料を抑留していた一色氏「被官」との間には関連性を想定できよう。おそらくはともに、伊勢湾の海上交通に携わる〈海の勢力〉で、一色氏との関係性から守護の権威を笠に着て、在地での直接的な実力行使に訴えていたのではないだろうか。

後に触れるが、このころの一色氏は若狭湾の小浜でも廻船をめぐりトラブルを起こしている。また、やはり守護職を獲得していた伊勢国側では「本警固」と称して廻船からの通行料徴収に力を入れていた〔飯田　一九八八〕。

一色氏といえば、足利氏一門として幕府政治にも参画する重鎮級の守護家である。その一色氏が、伊勢湾をはじめとした海上交通の拠点に目を付け、そこからの利潤獲得に大きな関心を持っていたのである。しかしその手法は、紹介したように在地の〈海の勢力〉と同じ目線に立って実力行使を伴うもので、既存の秩序を顧みない独善的なものばかりだった。海への関心と実力による利益の吸収が、守護一色氏の中に矛盾することなく同居していたことになる。

南蛮船を襲え！

次は外国船への事件である。既述のように、南蛮船の来航が相次いだ室町前期、九州探題は沿岸部の〈海の勢力〉を編成して警固に当たらせていたのだが、しかし、探題のこうした動きは、守護の既得権益を時には脅かすものである。とくに探題と対立していた島津奥州家の場合、独自に東アジア諸国の貿易船と接触する機会も多く、探題による独占を内心では面白く思っていなかったのだろう。奥州家の島津久豊（しまづひさとよ）が引き起こした騒動を、薩摩半島で探題方にあった阿多家久（あたいえひさ）の報告（四月七日付、阿多家久書状案『鹿児島県史料　旧記雑録拾遺　家わけ七』阿多文書一一号）によって見てみよう。

ある年の春、いつものように南蛮船が来航していた。探題渋川氏から阿多家久に博多への警固回送指示が届いたので、「南蛮船が出航準備をしている最中に、三月二十三日に島津久豊が大勢で攻め寄せてきました（彼船出津致用意候刻、匠作大勢にて、去月廿三日、此境寄来候）」。

当時、二派に分裂した島津氏のうち、優勢になりつつあった奥州家の久豊が軍勢を率いて襲いかかってきたのだ。やむをえず阿多家久は急ぎ「防戦しましたが、久豊は数百艘の兵船で南蛮船を奪おうとします（馳向防戦仕候処、仍敵方数百艘以兵船、彼船可取之由、相工候事現形）」。ここで、島津久豊の襲撃対象が南蛮船であったことが明らかとなる。

南蛮船は「驚いて碇綱を切って出航。南蛮船を受け入れていた問（とい）も港町の住人も、一人も残さず退散してしまったのです（大驚候て、綱碇切捨、俄退出候よて、懸置候問、其外当津者共、不残一人も退散候〕」突然の軍勢の乱入に、賑わっていた港町が一転してパニックとなり、結果ゴーストタウンと化してしまったのだ。南蛮船もバタバタと逃げ出してしまい「是非に及ばず……面目次第も無く」と阿多家久は探題に陳謝するばかりである。

この港町には問（とい）（物流拠点で輸送品の保管・中継から船・宿の手配まで差配した流通業者）がいて、定期的に来航する南蛮船を迎え、地域レベルでの交易にあたっていたのだろう。襲撃した島津久豊としては、南蛮船と港における富を略奪する明確な意図を持って、軍勢を動員したことになる。これ以外にも久豊は明との直接交易も画策しており、九州の武家諸氏が、東アジア諸国との交易に強い関心を寄せていた事例の一つである（［黒嶋　二〇一二c］）。

だがその手法は、探題との対立が影響していたとはいえ、ここでも武力による実力行使であった。探題から南蛮船警固を命じられた阿多家久も自領周辺の〈海の勢力〉を編成していたことになるが、久豊がそれを上回る数百艘の兵船を率いており、より広範な南九州沿岸の〈海の勢力〉を従えていたことは明らかである。久豊はそうした〈海の勢力〉と一体化し、海賊行為によって南蛮船の富を独占しようとしていたのだ。

守護と〈海の勢力〉の同化

以上、室町前期における、各地での守護の行動を示す史料を見てきた。津料徴収、寄船の接収、海賊行為など、どれも〈海の勢力〉がナワバリを盾にローカルの論理をかざして収益基盤としてきた行為であり、そこに当時の守護が積極的、あるいは消極的に関与してきた事例である。いや、関与というよりは、各地の守護が主体となって、〈海の勢力〉の行動様式を踏襲していったとするべきかもしれない。国内武士の軍事指揮権を掌握した守護の場合、当然ながら、より大きな武力を行使することができる。しかも、より広い地域にナワバリ意識を拡大して、ローカルの論理を敷衍させることも可能となる。南北朝内乱を収束するため、大きな権限を与えられた守護が、その権限の大きさゆえに、〈海の勢力〉と同化して在地の秩序を独善的に乱していく事態が頻発したのだ。一見すると「海を志向する武士」の典型に思えるが、じつは彼らは海上流通の安定化を図っていたわけではない。海上流通という回路を欲したのではなく、集積された富を刹那的に実力で奪おうとしたケースばかりなのだ。

こうした動きは鎌倉時代、現地で津料を徴収し、寄船を接収し、時には海賊行為を働くなどして、〈海の勢力〉が基盤としていたローカルの論理に馴染んでいった、地頭たちの行動の延長線上にある。しかし、もともと鎌倉幕府は守護に対して地頭以上に高い吏務の意識を持つことを要求し、犯罪としての海賊を取り締まるよう、守護の職務として御成敗式目でも定めていたはずではなかったか。

当初、鎌倉幕府は撫民思想に基づく徳政を行うために、行き過ぎたローカルの論理に規制をかけていこうとしていたのだが、蒙古襲来とそれに続く北条氏専制の過程でそうした姿勢は後退し、かわりに現地の武士たちと〈海の勢力〉とが結びつくようになった。この点では、室町幕府の守護たちは、鎌倉前期に定められた守護権限ではなく、鎌倉後期（北条氏専制下）の武士による在地支配を継承するものだった。しかも〈海の勢力〉との結びつきを、それ以上に強めることになったのである。地域におけるこうした事態の進展には、中央の室町幕府の政治姿勢が影響していたことは間違いないだろう。では幕府は、この問題をどのように捉えていたのだろうか。

4　室町幕府と〈海の勢力〉の編成

直義の方針

幕府の〈海の勢力〉への姿勢を探る素材として、第一章で注目した、幕府が発令した海賊禁圧令を取り上げてみよう。鎌倉幕府はとくに徳政という状況下で、治者としてローカルの論理を制限する方向性を示し、はずれ者の世界にあった〈海の勢力〉に対しては海賊禁圧の姿勢を明確化することでその実現を図ろうとしていた。そうした姿勢は室町幕府にも見ることができるのだろうか。

室町幕府の初期政治は、足利尊氏(あしかがたかうじ)と直義(ただよし)という兄弟二人のトップにより運営されており、直義は北条義時・泰時の両執権による幕府政治を理想としていたとされる〔佐藤　一九九〇〕。このため、とくに直義が政権中枢にあった時期には、鎌倉幕府のものを踏襲して、室町幕府による海賊禁圧令も出された。また守護以下の武士たちに、非法行為を厳禁する法令をしばしば出しているが、そのなかには「構新関、号津料、取山手河手、成旅人煩事」と旅人の迷惑となるとして、守護による津料などの通行料徴収を禁じてもいる（「建武式目追加」『大日本史料　六編之十』貞和二年〔一三四六〕十二月十三日条）。直義が理想とした鎌倉幕府の政策にならって、海賊行為や強引な津料の徴収を禁じ、室町幕府も在地におけるローカルの論理を規制する方向性に進むかに見えた。

しかし、直義と尊氏の執事である高師直との対立が表面化したことから、事態は抜き差しならない幕府の内部抗争へと発展してしまう（観応の擾乱）。観応三年（一三五二）、直義の死により擾乱は終結するが、これは同時に、直義が理想とした執権政治期を模範とする政策路線から決別することでもあった。以後、室町幕府の出した追加法令からは、海賊を禁圧するなど、海の世界に関してローカルの論理を制限していくようなものは姿を消していくのだ。

見方を変えれば、海賊禁圧という法令を出して反体制者をみずから設定するという、その作業自体を室町幕府は放棄した、ということもできよう。

礼の秩序と主―従の関係

内紛を克服した室町幕府は北朝の天皇家を金冠に据えることで、足利将軍の権威化を図っていった。その最たるものは、皇位簒奪の計画があったとさえ論じる研究者もいる、三代将軍足利義満である。近年では皇位簒奪論には否定的な研究が多いが、死後には「太上法皇」の追号まで用意されたほどに、義満が権威秩序の階段を猛スピードで上り詰めていったことは事実である。

室町幕府が将軍を頂点とした、武家による政治機構であるため、各国の守護をはじめとする武家諸氏も将軍との序列のなかで、それぞれのポジションを与えられるようになる。当然、沿岸諸国の〈海の勢力〉も、守護との関係が成立するのに伴い、将軍を頂点とする室町ヒエラルヒーのなかに位置づけられていくのだ。この秩序は文書をやり取りする際の書札礼（しょさつれい）や、正月の拝賀など儀礼時における家格をはじめとした序列によって、意識的につねに可視化されるとともに、所属する他者との差異が明確にされる仕組みであった。

一般に礼の秩序と呼ばれているこのヒエラルヒーのなかで、そこに所属する人々を分ける指標の一つが、将軍との直属性を持つかどうかという点である。つまり、将軍と直接の主―従の関係にある直臣か、守護など将軍の臣下と主―従の関係にあるために、将軍と間接的な主―従の関係しか持ちえない陪臣か、という二類型である。直臣・陪臣それぞれに、従来からの家格や勢力、権門勢家との関係性などによってさらに複雑に序列化されていくのだが、直接・間接を含みこんだ室町幕府の礼の秩序とは、究極的には将軍のみが「主」である、主―従の関係の総体であるといえよう。

そのため将軍としては、自らを頂点とする礼の秩序を受容している限り、直臣であれ陪臣であれ、受容者は自身の臣下と認識することができる。室町幕府のヒエラルヒーとはいっても、対象者は武家に限定されるような制度的な厳密さはなく、はずれ者の世界まで、構成者を融通無碍に広げていくことも可能であった。守護が権限を拡大させていく過程で、守護と主―従の関係を結ぶことになった〈海の勢力〉も、将軍にとって自らの臣下と認識されることになるのである。この秩序に所属するということは、将軍からの指示系統に入るということであり、幕府からの文書が発給される対象になるということでもある。この点では、彼らは室町幕府の支配体制に組み込まれたと見ることができる。

だがこれは、海賊の体制化（［佐伯　一九九二］）といえるほど単純な話ではない。既述のように、幕府の指示を受けた警固の実態も、〈海の勢力〉の日常となんら変わりはなかった。室町幕府の指示系統そのものが、在地のローカルの論理と共存こそすれ、なんら干渉するものではなかったことが明らかであろう。

現実路線と在地慣習の尊重

室町幕府としては、直接・間接を問わず、〈海の勢力〉との現実的な指示系統が存在していることを重視していたのではないだろうか。観応の擾乱の後、幕府が海賊禁圧をはじめとするローカルの論理を制限するような法令を出さなくなるのも、その一つの痕跡であるが、すでに見たように、探題や守護など幕府方の有力武家諸氏が地域における権限を拡大させ、〈海の勢力〉の編成化を推し進めたことが、その背景にはある。

こうした、曖昧でありながら、なおかつ現実的な主—従の関係を続けていくためには、在地慣行に一定の部分を委ねていくことも必要となる。幕府の政所で争われた事例を見てみよう。

寛正四年（一四六三）のこと、若狭国小浜に「十三丸（とさまる）」という船が入港したところ、船頭に借金があるという理由で船と積み荷を没収されてしまう事件が起きた（「政所内談記録」寛正四年六月二十六日条、桑山浩然校訂『室町幕府引付史料集成　下巻』近藤出版社、所収)。小浜は日本海における海上交通の基地であり、その名前からも、「十三丸」は津軽方面と行き来する廻船だったのだろう。

問題は、この船と積み荷に所有権を主張するものが二人現れたことであり、そのために相論に発展したのだ。所有権を主張する一方は当時の若狭国守護武田氏であり、もう一方は、やはり若狭国守護の前任者一色氏であった。守護職交代後も一色氏は小浜に知行を持ち続けたようで(『史料纂集　長興宿禰記』文明十八年〔一四八六〕八月二十七日条ほか)、前に紹介したように、伊勢湾で見せた海上交通への剝き出しの支配欲を、若狭湾でも確認できたということもできる。船頭に借金があるという没収理由も、入港した時点で弱い立場に立たされるビジターに対しては、どこまでが真相を伝えているかは割り引いて考える必要があるだろう。

ともかくも、相論は没収された積み荷の帰属をめぐり紛糾したらしい。そもそも廻船の積み荷は、商人や荘園側から回漕を依頼され積み込まれた運搬物にすぎない。それを、船頭の借金のカタとして差し押さえることができるものなのか。迷った幕府は「船の積み荷を船頭の所有物と見なすことができるのかどうか、よその港の慣例も調べてから判断しよう(舟之荷船頭之計哉否、自余之津湊例相尋之、可依左右)」とする(前掲「政所内談記録」寛正四年四月十五日条)。その後の相論の行方は判然としないが、幕府が海上交通をめぐる在地の慣習を尊重しており、つまりは政権として独自の裁許を下す準備を持ち合わせていなかったことが明らかであろう。

このように、〈海の勢力〉の日常的な経済活動――津料・寄船・海賊行為――は、そのまま室町幕府による形式的でありながらも緩やかな支配体制と抵触することなく、居場所を獲得できたのである。そのために幕府を構成していた守護自身が〈海の勢力〉と同化して津料の徴収や寄船の没収、さらには海賊行為に手を染めるようになる。〈海の勢力〉だけでなく陸上においても、室町時代、各地で爆発的に関が増加していったことは、究極的には在地のローカルの論理を黙認していく室町幕府の体質によって説明可能となるのではないか。

支配していることになっている（義持編）

繰り返しになるが、将軍を頂点とする主―従の関係の末端に〈海の勢力〉も含まれていたことは、認識のレベルでいえば、将軍が〈海の勢力〉も支配していることである。この認識が、室町幕府を特徴づける大きな要素となった対外関係にも大きく作用していた。

明(みん)の建国以後、新たに明を中心とする東アジア国際秩序が形成され、明は民間船の海外通交を原則として禁じ（海禁）、明皇帝と諸国の国王間での朝貢貿易のみが認められることとなった。あわせて、朝鮮半島から中国沿岸へと被害が及んでいた倭寇の禁圧を図るように、明や高麗から日本に使者が派遣されるのである。当初、九州で南朝勢力を結集させていた懐良(かねよし)親王が、明から「日本国王」とされたのも、倭寇の根拠地とされた九州沿岸部への影響力を懐良親王が持っていたためであり、日―明通交が倭寇問題とセットになって展開された何よりの証拠である（［村井　一九八八］）。

よく知られた足利義満の「日本国王」もその例外ではなく、明使来日のタイミングに合わせて、義満は九州の島津氏に倭寇の禁圧を指示する文書を出している（応永九年〔一四〇二〕八月十六日付、足利義満御判御教書『大日本古文書　島津家文書』二七二号）。その実際の効果があるかどうかはともかく、将軍が沿岸部の〈海の勢力〉を支配していることを明示する仕掛けとして、同様の文書が九州など西日本の諸氏に発給された可能性は高い。「日本国王」であることは、倭寇を禁圧できることになっていることと同義であり、それは前述の、将軍が〈海の勢力〉を支配しているという認識と、合致する。

事実、義満の後継となった四代将軍足利義持(よしもち)は日―明通交を拒否する姿勢に転じるが、明からは数回に渡り、通交の回復と倭寇の禁圧をセットにして求められている。義持からの返答文書では、通交を拒絶しつつ、倭寇問題にも触れているものがある。

明国の沿岸部を荒らしている倭寇とは、日本の幕府側から逃げおおせて沿岸の島々に隠れ住むものたちの仕業である。幕府が征伐しようとするとあっという間に逃げ、軍隊が去ると再び群れ集まって、将軍の命に従わないような者たちである。明国側で煮るなり焼くなり好きにせよ。日本に送還する必要などない！

（夫の辺圉(へんぎょ)を寇掠(こうりゃく)するに至りては、則ち捕逃の徒、海島の間に竄(かく)るる者の為す所なり、討たんと欲すれば電滅飈逝し、師還れば則ち烏合蟻聚して、吾が命を受けざるなり、捕えて之を戮すも可なり、奚(なん)ぞ帯して来るを必せんや、）

（応永二十六年〔一四一九〕付、足利義持書状案『善隣国宝記』）

十四〜十五世紀の倭寇が日本人を主体とし、とくに西日本沿岸部の〈海の勢力〉が、南北朝争乱など国内の治安悪化に乗じて関与していたことは明らかであるが、将軍から見て倭寇活動をしている者とは、幕府支配の外側にいるものであるという認識なのである。このように強弁する限り将軍の権威は傷つかない。将軍から〈海の勢力〉への指示系統は、瑕瑾なく機能しているのであるから。

支配していることになっている（義教編）

つぎは六代将軍足利義教の事例を見てみよう。対明通交は義教によって復活され、永享六年（一四三四）に明から使節が来日し、幕府に倭寇の禁圧を求めた際のことである。明からの要請を受け義教は、「賊船（＝倭寇集団）」の根拠地とされる対馬・壱岐に影響力を持つ少弐氏に、倭寇禁圧を命ずる御判御教書を出そうとするが、そこには大きな問題があった。これ以前から義教は筑前の料国化をすすめ、幕府方の代官となった大内氏に少弐氏は反発し、幕府から治罰の御教書を出され、敵軍となっていたのである。将軍を頂点とする軍事指揮権の外へ逸脱した少弐氏に、倭寇禁圧命令を出すことに対し、義教は難色を示すのだ。

自分が治罰御教書を出した少弐氏に、別件とはいえ命令を下すのは、治罰御教書の効力を自分で否定するようなものである。義教の危惧はそこにあった。いかにも役人的な手続き論をめぐる議論であるが、中世を生きる人々にとって、この上下関係こそが社会を規律する前提条件なのであり、たとえそれが国際社会の大問題と絡むものであっても、主—従の関係が万全に機能していない文書を出すことはできないのである。

結局、義教のブレーンとしてご意見番だった醍醐寺三宝院の満済（まんさい）からの進言により、少弐氏ではなく、対馬・壱岐の在地の者に直接御教書を出す方向で事態は解決したようだ（『満済准后日記』永享六年六月十七日条）。つまりは将軍が、少弐氏の頭越しに対馬・壱岐の〈海の勢力〉などと主―従の関係を直に結んでしまうことである。こうした発想の背景には、将軍は守護だけでなく、その配下の〈海の勢力〉も従えていることになっている、という理解が当然のように横たわっているのだ。

外国から倭寇を禁圧できることになっている室町幕府と、国内において〈海の勢力〉を取り込んで支配していることになっている室町幕府。二つの認識が表裏一体となって成立する根本には、将軍が守護などを介して〈海の勢力〉を編成できているという、幕府側の自己認識が担保になっているのである。

獲得と分裂

室町幕府という、急激に権威化しながら制度的な支配構造を整備できなかった政権のもとで、〈海の勢力〉は守護などと結びつき、将軍を頂点とする主―従の関係の末端に組み込まれることになった。たとえば応仁度の遣明船を派遣する際、幕府から航路上の守護・国人に宛てて警固を命じる室町幕府奉行人奉書が出されるが、そこに「諸国所々海賊中」宛ての一通も含まれていた（寛正六年〔一四六五〕六月二十日付、室町幕府奉行人奉書写「戊子入明記」『続史籍集覧』一）。

幕府発給の公式文書であっても、幕府の自己認識として将軍が沿岸部の〈海の勢力〉を支配していることになっている前提に立てば、遣明船の警固者を「海賊」と呼ぶことにも、なんら抵抗は生じない。室町幕府は海賊禁圧を放棄することで、鎌倉幕府のように海賊を反体制者と位置づける必要もなくなり、それゆえに自由に系列化を推進できたのである。その時、地域の〈海の勢力〉を配下に置いた守護たちは、彼らと同じ目線で振る舞うことが可能となるのだ。この点では、北条氏は海賊禁圧を捨て去ることができず、最後まで体制・反体制の区分に拘泥したために、全国的な「悪党」「海賊」の流行を招いてしまったとも見ることができよう。

体制・反体制という色分けを、しなやかに脱ぎ捨てた為政者の登場は、〈海の勢力〉に大きな影響を与えた。幕府・守護のもとで時には水軍的な活動に従事することで、彼らの行動範囲も拡大し、ひいてはナワバリ意識をも拡大させていく。同時代史料の痕跡はないものの、戦国期になると瀬戸内の村上氏が堺から薩摩国坊津までをナワバリであると主張するのも（[金谷　一九九八]）、このためである。もともと在地性の高かった〈海の勢力〉にとって、通行者から収益を得る根源だったナワバリを越えた活動が続くことは、自分自身の変質にもつながる。十四～十五世紀は、〈海の勢力〉が活動の幅を広げ、さまざまなものを獲得していく時期であり、そして大きな転換期でもあった。

獲得には副作用も伴う。肥前から五島列島の〈海の勢力〉連合だった松浦党は、漁場の権利問題などを内部で調整する一揆というつながりにより結ばれていたが、平戸松浦氏が将軍直属の奉公衆となるなど室町幕府との主―従の関係が顕著になり始めると、ヨコの党的結合はしだいに後退していき、戦国期になると松浦党諸家同士による抗争へと展開していく。膨大な中世史料を残した松浦党でも、室町期のものは乏しく詳細は不明であるが、一つの理由として、一揆というヨコの関係が、幕府とのタテの関係によって内部構造の階層化を方向づけ、党的結合の解体へとつながったことは推測できるだろう。

やがて日本列島各地では、地域紛争が蔓延する戦国期を迎える。武力が物をいう風潮が席巻していく戦国時代、武勇に優れたものが戦国大名となって、やがてそのなかの強者が天下統一を果たしていくようなイメージがあるが、それでは、海上の軍事力たりえた〈海の勢力〉は戦争が頻発するなかでますます活動の幅を広げ、あちこちの戦国大名たちから重宝がられるような状況が出現したのだろうか。

ところが、現実はそうはならなかった。いやむしろ、見方によっては、戦国時代は〈海の勢力〉にとって、長く厳しい冬の時代となるのである。その仕組みを次章で追ってみよう。

第三章　冬の時代へ

1　戦国大名と他国者

唐船と寄船

冬型の気圧配置としてすっかり定着した感のある「西高東低」だが、北西の大陸からの乾燥した寒気が、冬場の日本列島には強く吹き付ける。とくに大陸と接する東シナ海は荒れやすいため、九州の西海岸では慎重な航海になることが多い。そんな気象条件も災いしたのか、天正二年（一五七四）の冬、薩摩半島沖の甑島(こしきじま)で唐船がトラブルに遇い積み荷を奪われてしまった。これまで何度も登場してきた、おなじみの寄船（という言いがかり）によって積み荷が没収されたものと思われる。

しかし今回は勝手が違った。唐船の乗組員だった唐人が、土地の戦国大名島津義久(よしひさ)に訴えて、奪われた積み荷のリストをもとに返還を求めたのである。急ぎ、義久が甑島の領主小川有季(おがわありすえ)に問いただしてみたところ、もどってきた回答は「詳細不明」。鎌倉時代に地頭として下向してきて以降、領主と

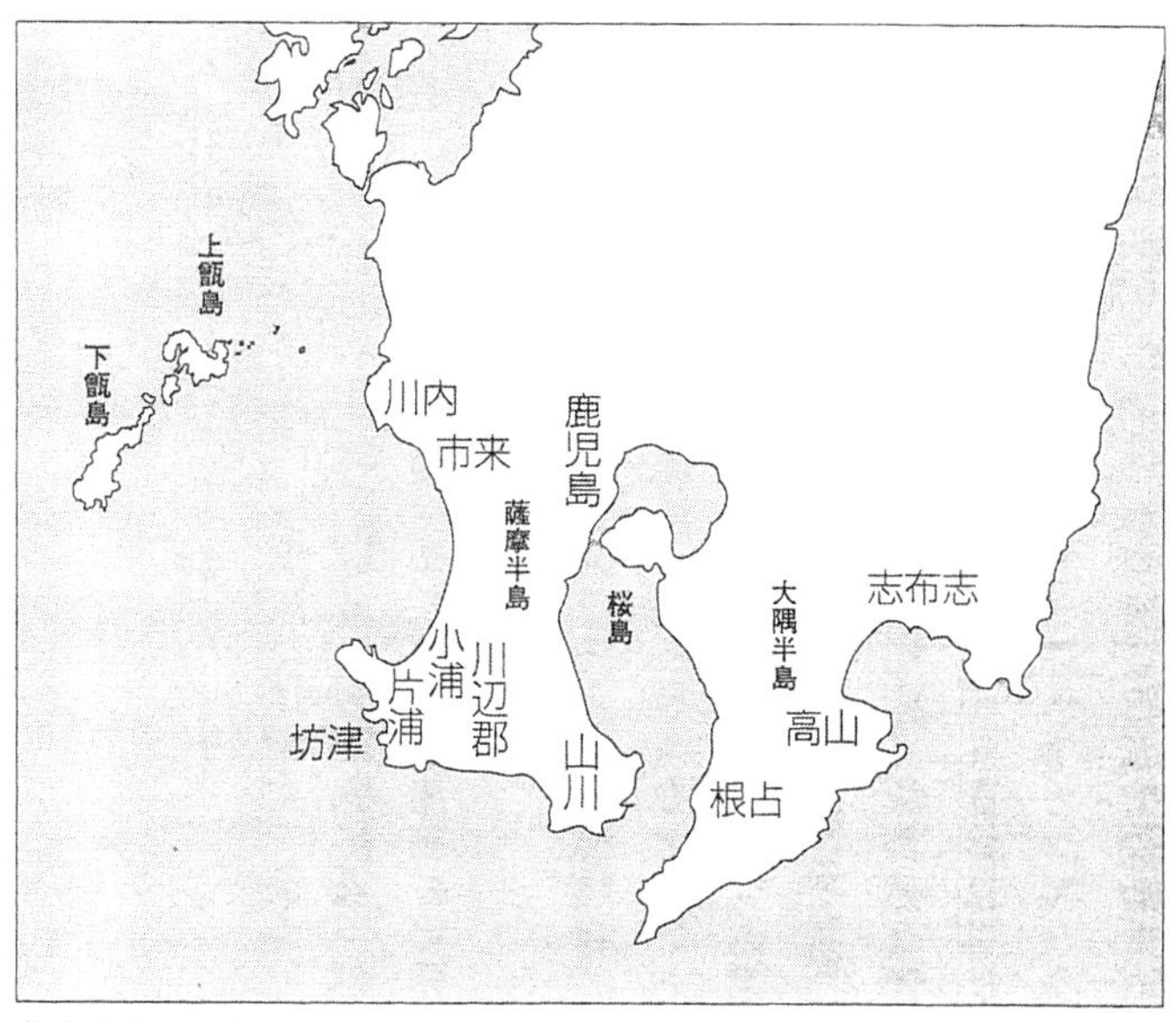

薩摩半島と甑島

なった小川氏が甑島の〈海の勢力〉と一体化していたことは想像にたやすい。また、甑島は地理的に海上交通の要衝でもあり、日本から中国方面だけでなく、朝鮮―琉球など南北ルートにとっても不可欠の流通拠点だった。これは唐船がトラブルに巻き込まれたときも「小浦・片浦・市来湊之商人等あまた罷居候つ」とあるように、薩摩半島沿岸の港町から多くの商人たちが来島していたことからも裏付けられる。十六世紀は、後に取り上げる倭寇勢力が下支えすることによって、日本や中国など多様な民族による東シナ海交易が活性化する時代である。その流通拠点の一つであった甑島では、当然ながら領主小川氏も、交易の利潤にあずかっていただろう。

その小川氏がまったく関知しないところで、唐船の積み荷強奪事件が起きたとは考えにくい。だが、各地から人が集まっていただけに、没収した積み荷は瞬く間に散り散りになって、あちこちへ運ばれていったのだろう。返せと言われても、無い袖は振れないのだ。

そこを見透かした島津義久は、島津家の実務を担当する老中たちにこう指示する。

今回の唐船のトラブルとその後の処理は、日本だけの「覚」ではダメだ。日本にも中国にも、島津家の家中には海賊の隠し置きなどないという、グローバルな「覚」となるような処置を考えよ

(兎角日本迄の覚にあらす候、和漢共に、御家景中において、海賊の儀隠しあるまじく候、……一途向後の覚に成候する様に、御老中御談合肝要の由に候、)

(『大日本古記録　上井覚兼日記』天正二年閏十一月十三日条)

海賊にノー！

なにか調子が違う。本書をここまで読んでいただいた方ならば、感じ取っていただけるであろう。寄船慣習による積み荷の没収を、〈海の勢力〉と一体化した島の領主が黙認する。ここまでは変わらない。だが、戦国大名が「島津家中には海賊の秘匿などない！」と言いはり、他国への「覚」となるような処置を命じているのは、これまでの光景とはずいぶんと異なる。

たしかに、当時の島津家が戦国大名として地域権力を形成する時期にあったという事情はある。薩摩・大隅（おおすみ）・日向（ひゅうが）三ヵ国の守護を務めた惣領家が弱体化し、分裂した島津一族諸家が離合集散を繰り返

- 島津久豊（守護奥州家）
  - 忠国
    - 立久 ― 忠昌
      - 忠治
      - 忠隆
      - 勝久
    - 久逸（伊作家を継承） ― 善久 ― 忠良（相州家を継承） ― 貴久
      - 義久
      - 義弘 ― 家久…（近世薩摩藩主）
    - 友久（相州家） ― 運久
  - 用久（薩州家） ― 国久 ― 重久 ― 忠興 ― 実久 ― 義虎
  - 季久（豊州家） ― 忠廉 ― 忠朝 ― 忠広 ― 忠親

島津氏略系図

す戦国期、じわじわと勢威を強めてきたのが島津義久の家系である。父貴久、そして義久がようやく薩摩半島から大隅側を従えて、新たな地域権力への道を駆け上がっているときに、甑島の唐船事件は起きた。この翌年春には、島津義久の代始めを祝うべく、島津家恒例の犬追物を挙行し、琉球国王からの祝賀使節も迎えることになっており、義久は自身の代始めを強く意識していたのである。新しい島津家は、古い島津家とは違う、そうアピールする目的もあったことは疑いない。

だが義久はこの一件で、甑島の領主小川氏を処分しなかった。いや、処分できなかったというほうが正確かもしれない。島津氏に臣従しているとはいっても、小川氏など旧来型の領主は独立的で、島津家に対する明確な敵対でもしないかぎり、戦国大名といえども処罰することはできないのである。このため、義久から唐船一件を「他国への覚」となるような処置を求められた老中たちの結論も、「小川が領内の『しつけ』をきびしくすれば済むこと。むしろ小川が、島津家を敬って指示に従ったことは、十分に他国への『覚』にはなるでしょう（小河前より定而しつけを被申候する様に聞得候、……彼方之はたらきとして本家を頼まれ候するは、近国之覚には罷成候するかと各談合申候、）（『上井覚兼日記』天正二年閏十一月二十四日条）」という、なんとも肩透かしなものだった。

つまり島津家老中は、海賊の悪評が立たないように、現場の領主であった小川氏には厳しく指示をし、小川氏はこれに従っている。それで十分と考えたのである。これなら家中に波風を立てず、島津家は海賊を許さない権力だとアピールすることもできる。

唐船の積み荷がどうなったか史料上では不明であるし、戦国大名権力の不徹底さ、不完全さを示すような事例であるが、それでも、新たに生まれた地域権力としての戦国大名が海賊行為に対して厳然と「ノー」を明言した、画期的な瞬間であった。この百五十年ほど前には祖先にあたる島津久豊が南蛮船を襲撃し、文字どおりの海賊行為をしていたにもかかわらず、である（第二章参照）。ではなぜ「海賊」が忌避されたのか、これ以上の関連史料が無いのだが、ほかの戦国大名の様子を見ることで、推測してみよう。

寄船にノー！

戦国大名と〈海の勢力〉の関係事例としては、第一章で見た分国法「今川仮名目録」があった。私的な津料の停止、国質の禁止、寄船処分権の否定を明記し、ヨソモノへのアレルギーから発生する、在地におけるローカルの論理の強大化を制限しようとしていた例として引用した史料である。強大化したローカルの論理は流通の障害となり、ひいては領国の地域経済を衰退させていきかねない。今川氏としては、領国内の流通を円滑化させるために各種の関所を規制していき、地域経済の発展を意図していたのだろう。

かといって今川氏が開放政策を推し進め、いつも丸腰でヨソモノを歓迎していたわけではない。「今川仮名目録」の他の条文では、他国人と結婚してはならない（第三十条）、他国人が軍事練習に参加してはならない（第三十一条）、家臣は他国商人を被官としてはならない（第三十三条）といった具合に、他国人に対する厳しい眼差しは変わらず、自領民と区別する方針は維持されている。戦国の争乱により、むしろ今川領国のブロック化は推進されていたのだ。

このことからすれば、津料・国質・寄船の停止も、当初からその全面的な禁止を意図した法令ではなく、たとえば今川氏のお膝元にある久能寺に寺領内の浦への寄木処分権を安堵していることからも明らかなように（大永六年〔一五二六〕六月十八日付、今川氏親判物写「久能寺文書」『静岡県史　資料編七中世三』九二一号ほか）、在地におけるローカルの論理は制限されつつも、今川氏管理の下に温存されたのである。法令の主眼は、今川氏がローカルな在地慣習を規制しうる大名権力であることをアピールする点に置かれていたとするべきであろう。そのアピールの対象となるのは、いうまでもなく、今川領国を訪れる商人など流通に関与するヨソモノである。

地域におけるローカルの論理を温存されつつ、それでも領国の経済のためにヨソモノを安定的に招き続けようしたとき、相反する政策の実現のために、必然的に大名権力は不可欠の存在となる。分国法について考えなければならない点は多いが、ここでは今川氏が、領国の公儀を担う立場であったことを確認し、津料・国質・寄船の停止を掲げる地域権力として成立していたことを押さえておこう。

寄船は寄進しましょう

海賊にノーと言ったり、在地の自由な寄船処分をノーと言ったり、喧（かまびす）しく戦国大名たちの声が響いてくる。しかもそれは領国内に向けられたもののようでいながら、じつはヨソモノを強く意識したスローガンだった。次の北条氏の事例も、その一つとして考えることができそうだ。

天文十八年（一五四九）ころ、伊豆七島の一つ御蔵島（みくらじま）に薩摩船が漂着した。船は「破損紛れ無き」ため、つまり難破船であることが確実であったため、その積み荷は戦国大名北条氏康（うじやす）の手によって、北条領国内にある大社へ修理費用として寄進されることになった（天文十八年カ七月二十一日付、北条氏康書状「浄法寺文書」『静岡県史　資料編七中世三』一九二九号）。

また弘治三年（一五五七）には、八丈島に漂着した紀伊船について、その乗員三十八人と積み荷を北条氏のもとに送り届けた寂用英順に対し、北条氏康から功績としてその船が下賜され、しかも今後、かりに修繕して商売船に転用しても税金は課さないとの特別免除まで与えられている（弘治三年十二月二十八日付、北条氏朱印状「諸州古文書」『静岡県史　資料編七中世三』二六〇六号文書）。

たしかに寄船の積み荷は在地の寺社に寄進されるのが原則であったし、在地がその処分権について優先することは第一章で見たとおりで、それが〈海の勢力〉の収益の源泉にもなっていた。ところがそこに大名権力が関与する戦国期になると、寄船の積み荷は大名の手を介して北条領国の寺社に寄進され、寄船はいったん北条氏に上納されてから下賜されるのだ。ローカルの論理に一定の制約をかけつつ、大名の意向によって寄船処分のあるべき姿が示されていく、その構図は今川氏の分国法と通じる。これもやはり、ヨソモノを強く意識した行動の一つだろう。

分国に住む領民と他国から来るヨソモノに対して、大名自身が寄船の「正しい」処理の仕方を主張していくようになる時期が、戦国期の特徴なのである。

祭礼の法令

大名からのローカルの論理を規制する動きとして、次に見る大内氏の事例は比較的早いものであろう。長門・周防両国を本拠とし、中国地方から北部九州まで広い範囲に影響力を及ぼした大内義興が、家督相続直後の明応四年（一四九五）に、長門国一宮（住吉神社）・同二宮（忌宮神社）の祭礼に際し、守るべき規範を定めた史料である（明応四年八月八日付、長門国府一二宮神事条々「大内氏掟書」『中世法制史料集　第三巻　武家家法Ⅰ』）。

そのなかに「諸国から来た廻船に対して非法を行ってはならない（諸国廻船に対し、無理非法の儀あるべからず）」の一文がある。一宮・二宮ともに、中世には赤間関と呼ばれた今の下関にあり、海上流通の要衝であった関門海峡に面することもあって、祭礼には周辺諸国からも多数の人々が参拝に訪れる。その人々を相手にした商人たちも集まり、いわば時期限定の大都市が現れるのだ。当然、地元民とヨソモノの間に起こりうるさまざまなトラブルの火種も持ち込まれることになり、大内氏がこのような法令を出したことは、つまりそれまで祭礼時になると「諸国から来た廻船に対する非法」が恒常化していたことを示している。法令では同様に、「押買狼藉」暴力や威嚇による商取引や、「公方買」「守護買」とされた将軍・守護の名前を出して強制的に買い占める行為も規制されており、たくさんの人で賑わう祭礼が、流通をめぐる混乱と隣り合わせだったことが分かるだろう。長門国周辺は大内氏が守護職を独占していたが、隣接する諸国からも、大内氏以外の守護の名義を立てて商売をしようとするものが集中していた。

祭礼の喧騒の中で、トラブルが起これば弱い立場に立たされがちな廻船への非法を禁じたこの法令は、廻船が流通の根幹であり、領国の経済振興を担う大名が、保護しなくてはならない存在だったことを雄弁に語っている。大内義興の子義隆も、厳島での法会に向かう参詣者を乗せた伊予からの船に対し、広島湾の〈海の勢力〉である白井氏に妨害を禁ずるよう通達をしている。文中には白井氏が「警固」を称したというから、割高な警固料を徴収しようとしたのであろう。そのため伊予からの参詣船が途絶え、「迷惑」した厳島からの訴えにより、大内氏はこれを禁じたのである（五月二十一日付、大内氏奉公人連署状案「厳島文書」『広島県史　古代中世資料編Ⅲ』巻子本厳島文書二〇号）。

行き過ぎた廻船への横暴は、彼らを大内領国から立ち去らせてしまい、ひいては地域の経済状況も後退させる。大内氏が領国の公儀として歩み始めるとき、流通の障害となるものには制限が加えられていくのだ。

駄別料をめぐる確執

大内義隆は、重臣陶晴賢のクーデターによって自害してしまう。すんなり大内領国を継承した陶晴賢だったが、〈海の勢力〉との関係は円滑ではなかったようだ。次の事例は相田二郎氏の研究以来、有名な史料だがあらためて紹介しておこう（［相田　一九四三］）。

大内義隆を滅ぼして間もなく、陶晴賢は瀬戸内海を通行する商人たちに対する、厳島での駄別料徴収を停止するよう、村上武吉らに指示した。駄別料とは、京都や堺の商人が運ぶ、日向・薩摩などとの交易品に賦課された、瀬戸内の〈海の勢力〉による警固料の一種である。当時、琉球ルートなど中国南部との交易拠点であった南九州は「唐荷」の集積地であり、瀬戸内海を経由して畿内へと運ばれていた。村上氏一族のうち、能島村上氏が厳島で駄別料徴収を行っていたため、あえて厳島に迂回しなければならないこともあり、商人たちからは批判が強かった。そこで陶晴賢は、厳島での駄別料徴収は「先代」大内義隆が命じたものだが、大内氏の代替わり（＝クーデター）により停止すると宣言したのだ（四月二十日付、陶晴賢書状写「大願寺文書」『広島県史　古代中世資料編Ⅲ』大願寺文書六七号）。

代替わりにより流通経済の保護重視へと舵を切った陶政権は、駄別料停止の見返りに、商人たちから直接「礼銭」を徴収しようとする。その予定額は「二万疋」（約二千万円）にも及んだという。一年分か数年分かは不明だが、とにかく大金である。〈海の勢力〉が徴収していた駄別料は、おそらくこの額を超えるものだったのだろう（九月三日付、宣尭書状「大願寺文書」『広島県史　古代中世資料編Ⅲ』大願寺文書六九号）。

しかしこのために、商人たちの船と〈海の勢力〉との関係は悪化してしまった。商人たちがチャーターした室や塩飽の廻船が、海上で「賊船」に襲われるようになってしまったのである（八月二十六日付、円海書状「大願寺文書」『広島県史　古代中世資料編Ⅲ』大願寺文書六八号)。駄別料を納めず陶氏の保護を掲げて瀬戸内海を通行しようとしても、陶氏の権勢が傾き始めると、たちまち〈海の勢力〉から報復を受けることになったのだ。まもなく陶晴賢は毛利元就に敗北。後釜に座った毛利氏が一定の譲歩をしたので、村上氏は自立的な〈海の勢力〉として存続することになる。

戦国大名とローカルの論理

このように戦国大名は、地域の公儀として、領国の保全者として、流通の安定化を図っていかなければならず、大多数の領民にとって障害となるローカルの論理は、公儀の立場から規制されていくのだ。

しかしローカルの論理こそが、〈海の勢力〉が通行者から徴収することを正当化する根幹だったはずだ。それにもかかわらず、新たに地域権力者として登場した戦国大名によって、ローカルの論理にも新たな足枷がはめられていく。

もちろん戦国大名といえども、領国経済のためとはいえ、何も策を弄さずしてローカルの論理を規制できたわけではない。掲げた事例によれば、島津氏、今川氏、大内氏、陶氏などは、どれも当主の家督相続など代替わりの時期に、行き過ぎたローカルの論理を規制していこうとする方向で各種政策を打ち出していた。これは、第一章で見たように、鎌倉幕府が徳政にあたってローカルの論理を規制しようとしたものと同一のものである。全国政権か地域政権かの違いがあるとはいえ、代始めという諸政策を一新して政権の存在感をアピールするタイミングで、流通の安定化のためにローカルの論理が規制されていくのである。

さらには、北条氏や大内氏の事例は、寺社の興行を名目に掲げてローカルの論理を規制していることが指摘できる。中世社会では寺社の興行も一種の徳政であり、そのために流通は安定化させなければならず、やはりローカルの論理は規制されていくことになる。

戦国時代とは戦争ばかりしていたわけではなく、戦国大名が徳政を名目に掲げ、領国の経済安定を図る公儀となった時代でもあるのだ。為政者となった大名によって、ローカルの論理は、次第に規制されていく。それゆえに本書では〈海の勢力〉にとっての「冬の時代」としたのである。それぞれの大名領国ごとに違いはあり、規制の強弱も当然見られた。瀬戸内のような伝統的に〈海の勢力〉が根強い地域で、急進的に流通経済の重視を掲げて失敗した陶晴賢のように、バランスを崩しやすい政策テーマではあるが、それでもじわじわとローカルの論理は囲い込まれていくのである。

そしてもう一つ。こちらは戦国大名ではなく、まったく別の方面から、〈海の勢力〉への風当たりが強くなっていたのである。

2　廻船衆の台頭

謎の「廻船式目」

借りあげたチャーター船が事故を起こしたときにはどうすればいいか、預かって運搬中の積み荷は損害を補償されるのか、港湾内で船と船がぶつかったら責任は誰にあるのか……。そんな海洋船舶に関する細々とした慣習法を集め記した史料が、日本各地、文字どおり津々浦々に残されている。「廻船大法の巻物」「船法度」など名前もまちまちだが、内容はおおむね一致しており、現在では、これらを総称して「廻船式目」と呼ぶことが多い。

日本最古の海法とされる「廻船式目」であるが、その「最古」がどの時点のものであるかとなると、とても厄介な問題を抱えている。多くの「廻船式目」諸本には、奥書として、貞応二年（一二二三）に「兵庫辻村新兵衛尉・土佐浦戸之篠原孫右衛門・薩摩坊津飯田備前守」の三人が、「天下」に呼びつけられ、船法を申し上げたときに、「御判」を据えられたものであるとしている。だが、諸本のうち書写年代が分かるものは、もっとも古いものでも十五世紀末であること、文中で使われている語句には鎌倉時代には見られないものがあることなどから、実際に「廻船式目」が成立したのは室町～戦国期にかけてとする意見が大勢である（［古田　一九三〇］ほか）。

本書でもこれに従うことにするが、気になるのは、伝承や仮託であるにしても、貞応二年という年が選ばれたことである。承久の乱の直後、幕府の口入によって即位した後堀河天皇の最初の年号が貞応である。寛喜の大飢饉への対応として九条道家が主導していった徳政では、海上流通への積極的なテコ入れも進められており、道家の徳政を後押ししたのが後堀河であった（第一章）。「廻船式目」の研究では、奥書の「天下」はもっぱら鎌倉幕府と解されているが、これを朝廷とした場合、貞応の年号にはそれなりの意味が与えられることになる。

これ以上の追究は材料不足により断念せざるをえないが、「貞応」をまったくの仮託にすぎないと無視してしまうことには、少なからぬ躊躇を覚える。もしかりに後堀河の代における朝廷と海上交通との接触がなにがしかの形であったとすれば、その残響として仮託の年号に貞応が選ばれたものと見ることもできるかもしれない。

廻船の主張

話を「廻船式目」の内容に戻そう。津々浦々に伝来した諸本のうち、もっとも古態を残しているとされる高知県立図書館旧蔵本「廻船大法の巻物」（［山本　一九九六］）により、冒頭の一条・二条を原文で紹介しよう。

一、寄船・流船者、其所之神社仏寺之可為造営事、若其船に水手一人にても残於在之者、可為其者次第事、

一、湊懸り船垢入、荷物為濡物は晞、船頭可相渡、為其帆別・碇公事仕上者、雖為国主不可在違乱事、

中世社会では、船は入港時でも寄船とされ処分されうる場合があるとして、すでに第一章で紹介し

た二条も含め、「廻船式目」では客船関連の原則をまず冒頭に据えている。一条で「寄船・流船は、その場所の神社・仏寺を造営する用途に使われるものである。もし船に乗組員が一人でも生存していたら、その者が船と積み荷の処分権を持つ」と明記し、二条では「入港中、船内に海水（垢）が染み込んで積み荷を濡らした場合、濡れた荷物は干して船頭に返還することになっている。そのために帆別・碇公事を納めているのだから、国主であっても妨害することはできない」とある。帆別も碇公事も津料の一種で、船の安全を保障する契約料の意味を持っていたことは前に見たとおりだが、津料を支払っているからには「国主（大名）」であっても難癖をつけることはできないと、高らかに宣言している。

廻船を経営する側の視点から海事慣習法をまとめた「廻船式目」の冒頭において、寄船の原則を明記し、地元からの寄船と言いがかりをつける行為、および大名による地元への肩入れを強く否定しているのだ。寄船の原則が、「今川仮名目録」はもし「船主」がいれば返還することを記すのに対し、「廻船式目」では「水手」という乗組員の下っ端一人でもいれば返還としているのは、明らかに廻船側に有利な文章である。これは廻船が、行きすぎた在地のローカルの論理を拒むことでみずからの正当性を強く主張し、地域権力である大名にも、在地優先の判断をしないように釘を刺しているのである。さきほど見た、戦国大名によるローカルの論理への規制と同様の動きが、ヨソモノとして地元から襲撃されることもあった廻船の側からも、ようやく展開されるようになってきたのだ。

廻船の立場の上昇

戦国期を迎え、廻船を運航する側からこうした主張が出てくる背景には、十五世紀における海上交通の大きな変化が指摘されている。史料的な制約もあって詳細が判然としないものもあるが、その変化の要因には、次の二つの事情があった。

一点目は、社会経済的な要因である。十五世紀後半は、それまで京都を中心としていた荘園公領制という社会体制が終末期を迎え、それを下支えしていた流通網もあわせて変質せざるをえなくなる。とくに海運に関していえば、十三湊や大野湊、あるいは草戸千軒（くさどせんげん）や伊勢安濃津（いせあのつ）など、それまで海上交通の主要拠点となっていた港湾が、どれも十五世紀後半に廃絶・縮小していく時期であると中島圭一氏は指摘している（［中島　二〇〇三］）。廃絶・縮小が、それぞれの単発的な自然災害とは考えにくく、全国的な流通機構の変質という観点から、その詳細は今後追究されるべき課題である。

二点目は、石井謙治氏による船舶史研究からの指摘である。この時期、船体の大型化が進み（［石井謙治　一九九五］）、それまでは筵で作られていた帆も、丈夫で帆走機能の高い木綿帆に変わり（［永原　二〇〇四］）、海運の輸送力が格段に上昇していた痕跡が随所に見られるようになる。船体構造の技術革新は、帆走距離を長くさせる。従来の廻船のように、こまめに沿岸部を停泊することもなく、天候に恵まれれば一気に駆け抜けることができる。結果、それまでの廻船とは違い、寄港回数を減らした航走が可能となり、それが港町の衰退にもつながったのだろう。なにやら現代の「新幹線や高速道路ができて地域の中小都市が寂れてしまった」という話のようだが、技術革新とコスト削減が副作用をともなったことは間違いない。

こうした事情から戦国期、廻船と在地の立場は逆転したのではないだろうか。地域経済に必要な流通インフラであるにもかかわらず、寄港数の減少は、在地において廻船の地位を上昇させるとともに、廻船と〈海の勢力〉の接触する回数も減少する。廻船が自分の都合を主張するようになることは、廻船の自律的なあり方の宣言でもあり、社会全体、そして流通経済の変革期を探る素材として「廻船式目」を位置づけていくべきであろう。

ヨソモノでありながら立場を強めていく廻船のありかたは、遠隔地間交易に主軸を置いた流通業者たちの姿であるといえるだろう。これに対し、もう少し狭いエリア内で、もっぱら地域内流通を担当した廻船もあった。こうした廻船衆は、みずからの地元で台頭してきた戦国大名と次第に接近していった。戦国大名島津氏と廻船衆の関係からその状況を紹介しよう。

戦国大名と関係する廻船衆

大名にとって正月の儀礼は、家中の秩序を再確認するためにも重要な儀礼である。元旦から何日目に大名と対面できるか、正月祝いの進物はどれほど持っていくのか、館のどこで対面できるのか……。すべてが家内の由緒と序列に従って細かく定められているのである。

天正十二年（一五八四）正月の様子を記した史料（「肝属氏系図文書写」『鹿児島県史料　旧記雑録拾遺

家わけ二』）によれば、島津家中の直属家臣だけでなく寺家・社家なども島津義久のもとを訪れ年始の挨拶をしているが、一月十五日には「坊・とまり」の廻船衆が義久と対面し、紙一束ずつを進上し、山川の廻船衆も対面し同様に紙一束を進上していた。あわせて泊から銭二百疋、山川から酒樽二つが贈られていることから、薩摩の坊津・泊津と山川が島津義久によって直轄的な支配を受け、その港町を根拠とした廻船衆は、正月の対面が可能となるような、義久と直接的な主―従の関係にあったことが分かる。

坊津は薩摩半島南西部のリアス式海岸地形を活かした、坊・泊・秋目など複数の浦を総称して呼ばれる港湾で、日本から中国に向かう船の出航拠点となった。薩摩半島南東部にある山川は、こちらも噴火口がそのまま「C」の地形となった天然の良港である。廻船衆が義久と対面した同じころ、山川湊の支配は、おそらくは隣接する指宿の地頭だった頴娃久虎に委任されることになり、島津家は三ヵ条の条書を作って山川湊支配の注意を指示している（「島津義久条書」『鹿児島県史料　旧記雑録後編一』一三二〇号）。

一、山川湊はずっと（島津家の）御料所だったのだから、その先例に従い、厳しい賦課をかけてはならない。（山川湊の儀、先規、御料所歴然の条、其筋に違わず、諸公役丁寧あるべき事、）

一、中国船・南蛮船の入港時には、鹿児島（島津家）に相談し、適切に対処すること。（唐土・南蛮船着岸の時は、則鹿児島において相談を遂げられ、曖然べき事、）

一、寺社の者や一般民衆への嫌疑は、「公儀」島津家に上申し、一点の曇りもない対処を心がけよ。ただし、緊急時はその限りではない。（寺社家ならびに地下人に至り、或いは遺恨等、或いは咎ありといえども、堅く公儀に達せられ、明鏡の沙汰肝要の事、但、忽ぎ打果さるべき程の罪人は、懸合に及ぶべからざるか、）

一条目の賦課について、三条目の検断（事件への対処を審理判決）について、ともにこれまで見てきた、在地の行き過ぎたローカルの論理を規制するものとして解釈できよう。港町であるがゆえに、日常的にヨソモノで賑わっていた山川は同時に、トラブルの火種には事欠かない喧騒の場でもあったのだ。そこには国内各地からの廻船だけでなく、明や南蛮（ここではポルトガルなど）の船もしばしば来航していた。積み荷の経済的価値が高く、時には政治的な賓客ともなりえた外国船の対応は、港の領主による独自判断ではなく、島津家への報告を義務付けているのが二条目である。港町の「公儀」となった戦国大名の指示により、港での行き過ぎたローカルの論理や恣意的な領主支配が制限されていくのだ。

琉球渡海朱印状

もう一つ、山川湊に関する史料を見てみよう。島津義久が廻船衆と対面した、同じ年の冬。山川から琉球へ渡る船の船頭が「いつものように」琉球渡海朱印状の発給を島津家に申請してきた。船頭を連れてきた津留讃岐拯（つるさぬきのじょう）が、島津家老中の上井覚兼（うわいかくけん）を頼り、つつがなく朱印状が発給されると、船頭は

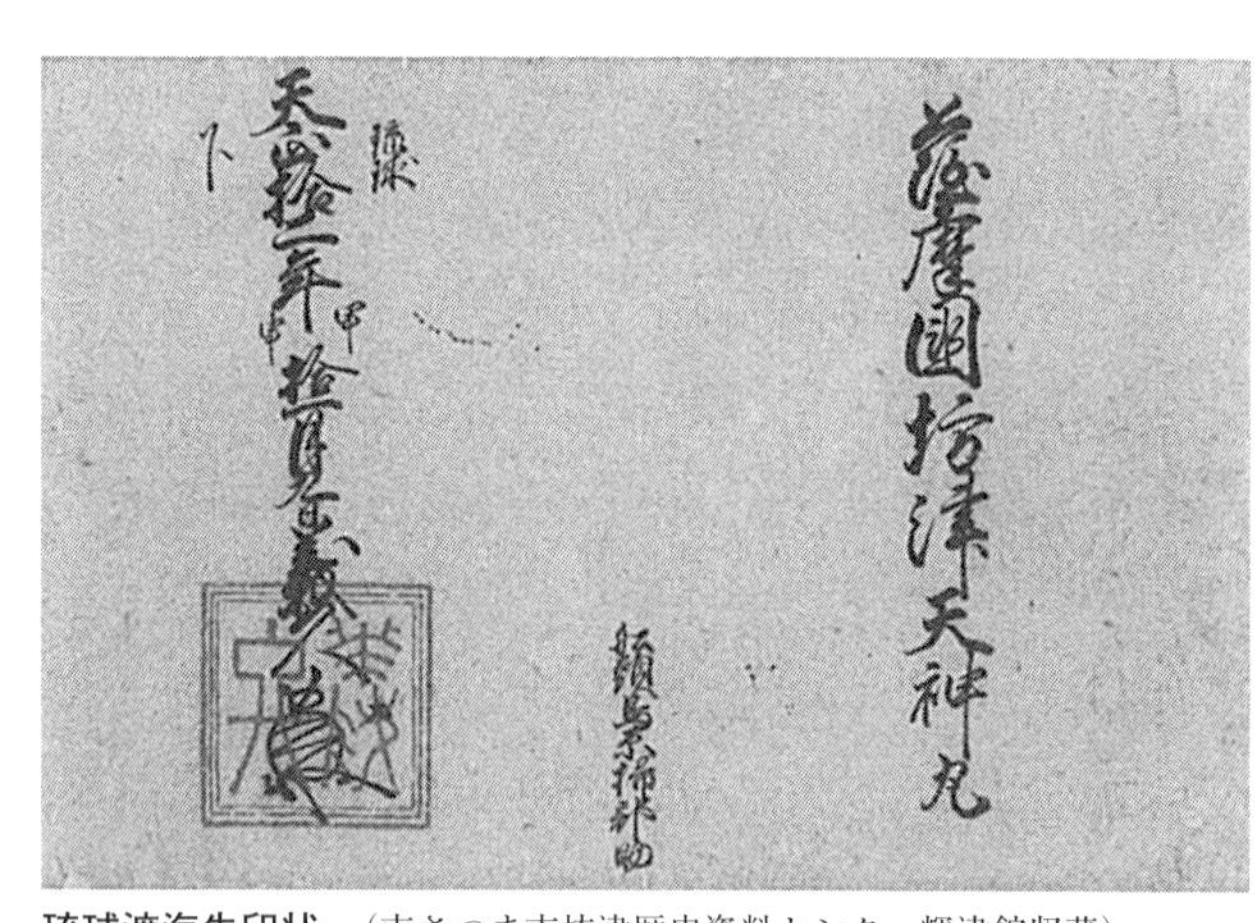
薩摩国坊津天神丸

琉球

天正拾二年甲申

琉球渡海朱印状　（南さつま市坊津歴史資料センター輝津館収蔵）

「祝言」と称して御礼に百疋を献上、覚兼にも三十疋を謝礼に納め、覚兼からは酒を振る舞った（山川津より琉球へ渡る船候、其船頭、津留讃岐拯同心候て来たり候、恒例のごとく御印判申請の祝言とて百疋持ち来たり候、ならびに取次前にとて三十疋を相副え候、船頭見参候て御酒呑せ候なり、）（『大日本古記録　上井覚兼日記』天正十二年〔一五八四〕十二月九日条）。

琉球渡海朱印状とは、島津氏が領内から琉球に向かう船に与えた、船籍を証明するパスポートのようなものだ。時期ごとにその性質が異なってくるが、戦国大名島津義久の時期には、長期化した日向伊東氏との対立のなかで、朱印状によって島津氏以外の交易船と差別化を図り、琉球側に朱印状を持たない船の受け入れを拒否させることで、伊東氏方の船を対琉球交易から締め出すためのアイテムだった。

このため島津領の船が琉球に向かうときは、朱印状を出してもらうことが恒例化しており、いつものように山川の船頭が、恒例の返礼を持参して上申してきたのである。

船頭を連れてきた津留讃岐拯とは何者か。山川の湊役人だったとする見解もあるが、じつはこの年、正月四日に「若魚（鮮魚）」を持参して島津義久と対面していることにヒントがある。問題となるのは、この日、義久が「談儀所」こと大乗院を訪れていることだ。大乗院は近世には鹿児島藩最大の密教寺院となる真言宗の寺で、島津氏の祈願寺でもある。ここで義久は寺僧・山伏・社家など、大乗院配下の者たちと対面をしているが、社家衆のなかに「津留讃岐」がいるのである。すると、津留讃岐拯は宗教関係者とせざるをえない。

おそらく津留讃岐拯は、山川からほど近い開聞岳を祭神とする枚聞神社か、その別当寺瑞応院（真言宗）の関係者だったのではないだろうか。似たような存在として、戦国期に枚聞神社の社家であった阿野（綾）氏は、鎌倉時代、揖宿郡地頭職島津忠綱の「梶取」で「同郡山河住人」の綾三郎延元と同族であったと思われる（「指宿文書」ほか）。その秀麗な姿から薩摩富士とも呼ばれる開聞岳は、海上でのランドマークとなり、すなわち航海安全の神として、漁業など船舶従事者からの信仰を集めていた。そこの関係者だとすれば船頭との接触も日常的にありえたはずであり、大乗院の配下として鹿児島の島津家中とのコネも有したのだろう。

こうした媒介によって琉球渡海朱印状が授受されたように、戦国大名島津家が領内の船頭と恒常的な関係を築いていたことは確実である。類似のアイテムには、武田氏と北条氏の間で船に発給されていた船手形が知られており、同盟関係にある戦国大名間で船籍保証書として使われていたものである。戦国の抗争が領内の船舶と大名の距離を縮めていったと見ることができよう。島津氏は船頭を掌握することで海上交通の支配を目論んでいたとする指摘もあるが、そこまで言い切ることはできないにしても、大名―船舶の日常的な接近は、それまで各港湾や浦などに展開していた小さな〈海の勢力〉たちの、独自の動きを封じ込める効果をもたらしたことは確かであろう。

要港をめぐる支配の内実

地域の「公儀」として、領国経済の観点からヨソモノである流通業者を安定的に招くために、行きすぎたローカルの論理を規制していく戦国大名。流通業界の変革により自律的な動きを強めるとともに、遠隔地交易においても地域内流通においても、戦国大名と結びついていく廻船衆。戦国期の海上流通には、大きな二つの流れが複雑に絡み合いながら進展していた。ここで想起されるのは、とくに西日本の大名領国を経済的な側面から説明する際によく使われる、重要港湾の支配＝流通の掌握という論理である。

たとえば戦国大名毛利氏と、赤間関の問丸役に任命していた佐甲氏や、瀬戸内海の海上流通に大きな影響力を持った村上氏との関係などから、港湾支配とそれにともなう流通の掌握が戦国大名にとって大きな命題となったと説明されることが多い（［岸田　二〇〇一］ほか）。いわば、「海を志向する武士」論の戦国期版といったところであろうか。

しかしこれには懐疑的な見方もある。港湾の掌握とされている史料も、新たに地域の支配者となった戦国大名から安堵を受けたにすぎず、物流の自律的な動きに対して大名権力がどこまで関与できていたのか明示する史料はないことから、戦国大名による流通への依存・管理という見方を強調することに、批判的な立場を取るものだ〔鴨川　二〇一一〕ほか）。

この問題も廻船衆に即していえば、おもに広域流通を担当し複数の大名領国とかかわるため、自律的な動きが可能となる廻船衆と、おもに地域的な流通圏を請け負い、地元大名の御用商人のような存在に食い込もうとする廻船衆という、二つの動きをどのように評価するかで結論が異なってくる。後者のみを重視すれば、大名による重要港湾の掌握は流通への関与を増大させるものであるといえないこともない。

だがもう一方、前者の視点に立てば、多くの大名は流通の安定化に汲々としていた。地元のローカルの論理には最大限の譲歩を迫り、ヨソモノをなんとか招こうと必死なのである。その大名が港湾を支配し、流通を掌握しようとしても、独善的な収奪に走ることは許されなかったはずであり、かりに掌握に成功しても津料の増額が実現できない以上、大名の懐に入る額など微々たるものだろう。戦時か平時かの違いもあるが、戦国期の港湾は、大名が掌握したところでさほど経済的な収益とはならない、とするべきではないだろうか。

ともかくも自律的な動きを強める廻船衆と、ヨソモノを招くためにローカルの論理を制限しようとする戦国大名によって、在地の状況も変貌を余儀なくされる。それまでローカルの論理を振りかざすことで通行者たちに寄生していた〈海の勢力〉にとっては、その活動基盤であるナワバリが徐々に変質し、否定されていくのが戦国時代なのである。

取り上げた事例は断片的なものだが、十五〜十七世紀の日本列島において、こうした事態は全国的に進行していたと見て間違いない。むろん、地域における戦国大名の政治権力としての性格には違いがあり、地域ごとに程度の差はあるだろうが、廻船が流通業者であり、「廻船式目」が各地に伝わっていったように、航路という回路によって津々浦々に伝播していったことが想定できる。戦国大名による保護がされず、戦争などで廻船を平和的に迎える状態ではない港があれば、廻船の側からすれば必要性がない限り、そこには寄港しなければいいだけの話なのだ。廻船を受け入れるために港の秩序を維持できるかどうか、それが地域権力としての戦国大名に担わされた大きな課題だったといえるだろう。

社会の変革によって活動基盤が許容されなくなる戦国時代は、〈海の勢力〉にとって生きにくい社会であり、自分自身の身の振り方を考えていかねばならない冬の時代なのである。すでにお気づきのように、廻船衆や船頭、あるいは戦国大名家中の末端にあって彼らを取り次いでいた者たちは、さかのぼればもともとは〈海の勢力〉の一員であった可能性がきわめて高い。同時代史料によって論証することは困難だが、〈海の勢力〉内で領主層などリーダー的な家系のものは大名の家中に湊役人や船手などとして召し抱えられ、直接操船に携わっていたものは船頭などとして、さらにその下で労働力となっていたものたちは水手(かこ)として、戦国社会を生き抜いていくことになる。なかには、天正十五年（一五八七）の島津義久上洛に際し、その費用となる銀子を献上した波見浦(はみうら)などの廻船衆のように、海商として戦国大名を財政的に支援するようなものまで出現するのである。それらはどれも、いまだ兼業状態にあって、純粋な「転職」ではなかったが、ゆっくりと、そして確実に、彼らは別の稼業に軸足を移していくことになるのだ。

つい勇み足で先走ってしまったが、戦国時代に〈海の勢力〉が否定されていく状況は、織田信長・豊臣秀吉による天下統一の過程で、さらに激烈に展開することになる。

3　織田信長と〈海の勢力〉

環伊勢海政権論

織田信長と〈海の勢力〉の関係について、近年、興味深い見解が出されている。流浪の将軍候補者だった足利義昭(よしあき)を奉じて上洛する以前、信長は尾張(おわり)から美濃(みの)・伊勢を掌握しており、同盟相手である

信長入京前の伊勢湾周辺（永禄10年〈1567〉）

徳川家康の領国三河、信長が水軍として編成した九鬼嘉隆の押さえる志摩を合わせると、ちょうど伊勢湾を囲むように織田領国は展開していたことになる。伊勢湾・三河湾・志摩半島の内海エリア（環伊勢海）には、大湊をはじめ畿内から東国に向かう太平洋海運の拠点がいくつもあり、つまりは物流の大動脈を押さえたことになる。この点で信長政権は「舟運に依拠した重商主義政策を中核とする海洋国家」である環伊勢湾政権としてスタートを切ったことになる。事実、信長による統一戦の序盤が若狭・越前方面へ展開し（若狭湾を押さえる）、上洛直後に堺の支配権を手に入れて、のちに本願寺・毛利氏などと大阪湾・瀬戸内海をめぐる大規模争乱へと続いていくことから、信長は海を強く意識していたのであると（［藤田達生　二〇一〇］）。

こうした見解は「信長は伊勢湾・太平洋沿岸、瀬戸内海、日本海の三つの物流の大動脈の掌握を早くから視野に入れ動いたのである。」（［池上　二〇一二］二三三頁）というように、一般向けの概説書でも踏襲され、通説化しつつある。なるほど、戦争ばかりしていたようなイメージのある信長さんも、じつは海を掌握して物流の確保に心を砕いていたのかと目から鱗が落ちたように納得させられそうになる。

だがしかし、である。どうもこの議論、本書の「プロローグ」で取り上げた、「海を志向する武士」の信長版といえるのではないか。現実問題として信長がどのように〈海の勢力〉に関与し、海上流通を押さえ、経済的な果実を手にし、織田水軍なるものを組織していったのか。どれも、海という茫漠な空間に焦点がボケてしまい、具体的な像を結ぶことのないまま展開されている。

これまでに見たように、地域の戦国大名であった織田信長が、領国経済のために流通に対し細心の注意を払うのはむしろ当然のこと。それだけをもって海を掌握した「海洋国家」「環伊勢海政権論」を先行させる前に、その実態を検証すべきであることはいうまでもない。ここでは、立論の柱である九鬼嘉隆の問題と、伊勢大湊をめぐる問題の二つに絞って考えることで、〈海の勢力〉の視点から織田信長政権を追究する手掛かりとしてみたい。

九鬼嘉隆と大船

ふつう九鬼嘉隆といえば、「織田信長の水軍大将」「海賊大名」といったフレーズで知られる、信長家臣団のなかでも異色の存在になるのだろう。だがじつのところ、信長の生涯を綴った記録である『信長公記』に、九鬼嘉隆は限られた場面でしか登場しない。天正二年（一五七四）伊勢湾で長島一向一揆を包囲する際に織田方の船を率いている場面と、同六年（一五七八）大阪湾で本願寺に物資を補給する毛利氏方の船団に対し「大船」を率いて参戦した際の関連記事の二つである。

広く知られているのは、後者の「大船」であろう。村上水軍の火薬爆弾攻撃から防御するために鉄板で装甲された「鉄甲船」であったというイメージが各種メディアによって流布されているようで、信長の天下統一を象徴する一コマとされている。なかにはこれを信長のアイデアとする見方も出され、その軍事的才覚を称賛する向きも多い。だが肝心の史料となると、堺で実際に見聞したものは「大船」と記すのに対し、遠く離れた奈良の僧侶だけが日記に「鉄ノ船」とした噂を書くのみなのだ。残念ながら史料には「鉄甲船」であったことも、それが信長の発案であったことも書かれていない。

むしろ史料を整合的に読めば、「大船」の船団は、大砲を搭載し、異国風の外観を持つ大船であった。船団に含まれていた「白船」がふつう中国大陸の船を意味すること、南蛮船が「黒船」と呼ばれたことから「鉄ノ船」の噂も「クロガネノフネ」である可能性があること、大砲の鋳造に中国人が関与したとする別の記録などからの類推である。信長が異国風大船の船団を作ったことには、軍事的な意味だけでなく、毛利氏に擁立されて名目上の外交権を保持している将軍足利義昭への牽制や、中国風に装飾された安土城天守閣との関連など、政治的な効果を狙っていたことがうかがえるのだが、御関心のある方は別稿（［黒嶋　二〇一二b］）を参照していただきたい。

なおこの時、大船が毛利方の村上氏などを打ち破った一件は、一般に第二次木津川河口の戦いと呼ばれている。第二次とされるのは、この二年前、やはり織田軍が包囲中の石山本願寺に兵糧（ひょうろう）を搬入しようとした村上氏などと、海上で小競り合いになり手痛い敗北を喫した事件を、第一次木津川河口の戦いと呼び区別しているためだ。どちらも毛利水軍対織田水軍の「海戦」という軍事的な位置づけが先行しているが、注意したいのは第一次とされる天正四年（一五七六）の事件も、村上氏からの報告に「兵粮差籠」とあるように、主たる任務は本願寺支援物資の輸送だったことである（「天正四年」七月四日付、村上元吉外十四名連署注進状『大日本古文書　毛利家文書』三五一号）。毛利方は瀬戸内海西部の〈海の勢力〉を動員して兵糧を輸送しようとし、織田方は大阪湾沿岸の〈海の勢力〉を動員してそれを阻止しようとしたのであり、これを組織だった水軍と水軍が激突した海戦と捉えてしまうことには抵抗を覚えるのだ。

ナワバリとしての大阪湾

むしろこれは、大阪湾というナワバリに影響力を持つのは誰かを、証明するための出来事と考えたほうが実態には近いようだ。天正四年の衝突では村上氏など多数の〈海の勢力〉を投入できた毛利氏グループとそこに奉じられた足利義昭が、天正六年には大砲搭載の大船を建造できた織田信長が、それぞれにナワバリの領有権を誇示したものとすることができるだろう。あまり軍事的な側面だけに気を取られると、事件の背景が見えなくなってしまう。

天正四年（一五七六）の時点では、瀬戸内海における政治的影響力として、たしかに足利義昭の存在は見逃せないものがある。信長によって京都を追われた義昭が、流浪の末、毛利氏に迎えられて備後国鞆浦（とものうら）に入ったこの年。毛利氏は義昭を奉じることで政治的発信力を持ち、西日本での存在感を格段に高めていく。毛利氏のもとで瀬戸内海の〈海の勢力〉を糾合し、広範囲に渡る影響力を持ち「日本最大の海賊」と称されたのが村上武吉である。詳細は武吉の生涯を綴った山内譲氏の研究（［山内　二〇〇五］）を参照していただきたいが、大内氏、陶氏、毛利氏と目まぐるしく転変する戦国動乱の中で、時流に乗った〈海の勢力〉であり「海の戦国大名」として注目を集めている人物だ。

一方で近年、毛利氏に迎えられてからの足利義昭もいまだ将軍職にあったことを重視し、「鞆幕府」と呼ぶことを提唱される藤田達生氏は、村上武吉の過大評価にも警鐘を鳴らしている。藤田氏によると、「海の武士たちを家臣団として組織した」河野氏（室町期以来の伊予守護家）・毛利氏こそが瀬戸内海を支配した公権力であり、河野氏・毛利氏こそが「海賊大名」であると指摘している。中世の海賊は海上支配を任された合法的な存在であり、「海賊大名」は彼らを支配して制海権を確保することで領国を維持する、水軍力の優位に支えられた政治権力であるというものだ（［藤田　二〇一二］）。

曖昧に語られがちだった戦国末期の瀬戸内海西部の様相を丁寧に跡付けた労作ではあるが、海賊の理解や「海賊大名」なる言葉には違和感を覚えてしまう。これまで見てきたように、「合法」か「非合法」かという観点で中世の〈海の勢力〉を区分けすることは難しい。なにより、海賊行為を規制していった他地域の戦国大名には一切触れないまま、政治権力として「海賊大名」なる概念を創出することの根拠が曖昧である。史料的な制約はあるとはいえ、河野氏の領内支配状況などから地域の公権力であることを説明してから、その河野氏と海賊との関係を論証すべきであろう。戦国最末期の瀬戸内海西部を、村上武吉ではない視点から述べるために、性急に組み立てられた議論ではないかとの印象を持ってしまう。

ついでながら藤田氏の「鞆幕府」論についても一言しておけば、当時の首都であった京都の支配権を失った足利氏権力を、政治権力体であった室町幕府と同等のコピーであると見なせるかどうかが、十分に論証されていない。藤田氏の所論を応用すれば、京都を追われた足利義材（義稙）の滞在先だった越中国放生津や周防国山口、あるいは関東足利氏が滞在した武蔵国入間川や下総国古河も「幕府」だったことになってしまう。足利義昭の再評価は必要な作業だが、より丁寧な考察が必要であろう。

九鬼嘉隆のポジション

話を九鬼嘉隆に戻そう。『信長公記』には限られた場面でしか登場しない彼は、いったいどのような人物だったのだろうか。

中世後期の九鬼氏は、志摩半島東南部の波切を拠点とした〈海の勢力〉である。九鬼氏など志摩の〈海の勢力〉たちは七人衆という地域的連合を構成し、室町期には伊勢国司北畠氏の支配下にあったとされる。藤田達生氏は近世の九鬼氏の家譜などから「志摩は永禄十一年に九鬼嘉隆を水軍として編成することによって、準領国ともいえる地域としていた」としているが、九鬼嘉隆を志摩一国の領主的な立場にあったとするのは問題が多い。

私見では、九鬼嘉隆の志摩一国支配の確立は、早くとも天正六年（一五七八）以降だと考えている。その理由は、伊勢周辺が織田方になるまでの過程の複雑さによる。永禄年間（一五五八—七〇）に志摩七人衆と対立し、志摩を追われた嘉隆は、織田信長の家臣であった滝川一益と接触し、織田方として動くことになったようだ。信長は伊勢・志摩・伊賀の一部を押さえていた北畠具教・具房父子に圧力を加え、永禄十二年（一五六九）に二男信雄を具房の養子に送り込むことに成功する。織田―北畠の表面的な協調関係の陰で、織田方・反織田方の微妙な対立はくすぶり、天正三年（一五七五）の信雄による強引な北畠氏家督継承と、翌年の北畠具教の謀殺、具房の蟄居により、ようやく信雄領国は完成するのである。この頃のものと思われる九鬼嘉隆書状によると、まだ嘉隆は志摩七人衆を従えるような地位にはなく、信雄に仕えて志摩七人衆の間を仲介する役割を担っていた（十一月二十七日付、九鬼嘉隆書状写「米山文書」『三重県史　資料編近世一』第一章一九一号）。北畠信雄領国の完成を受けて、嘉隆の地位も上昇したようで、志摩七人衆を率いて、例の大船に乗り込んで滝川一益とともに大阪湾に繰り出した天正六年（一五七八）、その功績によって志摩七人衆への支配権を確立させたのである。このように、嘉隆の志摩支配は、信雄による北畠氏権力の掌握と並行して進められたものだった。

では、こうした九鬼嘉隆を志摩一国の大名、信長直属の武将と呼べるのだろうか。九鬼氏の家譜に載せている、天正八年（一五八〇）に摂津花隈城攻めに関する感状を原文で引用しよう。

史料　織田信雄感状写　（「九鬼家伝系図」『三田市史　第四巻　近世資料』三〇号）

花熊落城之由、尤珎重候、其節従河口罷越、首十三討捕之、生捕等有之由、神妙之至、寔不始于今候、祐助・智積寺毎度粉骨無比類候、能々此旨可申聞候、定而大坂退散不可有程候、弥心懸簡要候也、

（天正八年）七月六日　　　　　　　（北畠）信雄　判

（嘉隆）九鬼右馬允

嘉隆の戦功を賞した感状が、信長ではなく信雄から発給されていることから、嘉隆の直属の上官が信雄だったことが分かる。文中の「祐助・智積寺」も、北畠信雄家中から動員されていた「工藤祐助、智積寺九右衛門尉」を指し、信雄から彼らへの褒賞を伝達する立場にあったことも、嘉隆の所属が北畠家中だった証拠である。

織田信長ではなく、信長二男で、北畠家を継承した信雄の家臣だった。大阪湾での海上封鎖に際しては、信雄から信長に一時的にレンタルされた状態であって、嘉隆の基本的な属性は北畠家中の人間だったのだ。

伊勢・志摩の動揺と〈海の勢力〉

以上のように、織田信長が足利義昭を奉じて上洛する永禄十一年（一五六八）の時点では、伊勢への信長の影響力は限定的なものであり、志摩も同様に、とても九鬼嘉隆が押さえているような「準領国」などではなかった。信長の入京以後も伊勢・志摩両国が静謐になるには時間を必要とした。信雄による北畠氏権力の簒奪が落ち着き、信長が伊勢湾西部を一定程度掌握するようになるのは、天正四年（一五七六）以降の事とするのが自然であろう。

志摩における九鬼嘉隆の立場も、これと歩調を合わせたものだった。北畠氏は南北朝期からずっと、南北朝の合一後も室町幕府との関係を維持しつつ、守護・国司が併存された伊勢では国司として地域支配にあたってきた。幕府から補任された守護は伊勢国北部に入りつつ、伊勢南側・志摩両国は北畠氏が掌握していたのである。このため、両国の〈海の勢力〉の多くも北畠氏と主―従の関係を結んでいた。

永禄十年（一五六七）以降、信長の意を受けた滝川一益による北伊勢攻略が本格化すると、北畠領国は大きく動揺する。それまで培ってきた北畠氏との由緒を踏まえて、北畠家中の反発に同調し、反織田方に与した〈海の勢力〉も多かったが、かえって周囲との連携ができないものは、北畠領国を追われる結果になったのであろう。そうして志摩を飛び出し、織田方に投じたのが九鬼嘉隆である。そしてもう一人、同じ時期に志摩から飛び出した〈海の勢力〉に小浜景隆がいる。こちらは武田信玄にヘッドハンティングされて駿河に移り、武田水軍として次なる人生を送ることになった。

織田方の北畠信雄に仕えた九鬼嘉隆も、武田水軍に身を投じた小浜景隆も、それまでの〈海の勢力〉の活動基盤であったナワバリを脱ぎ捨てて、新天地に進出していったという共通性を持つ。ローカルの論理を掲げて経済基盤にしていたナワバリを捨て去ったとき、〈海の勢力〉は戦国大名の海上軍事力として生きるのが手っ取り早い道だった、という評価の仕方もできるだろう。もっとも、海上の操船技術や天候・海況の知識を持っている〈海の勢力〉は特殊技能者であり、とくに駿河を手に入れたことで沿岸部の海上軍事力を新たに編成する必要に迫られていた武田氏にとっては、のどから手が出るほど欲しい人材だったことだろう。ただ、駿河に移ってからの小浜景隆も、武田氏の期待に応える水軍となるまでの道のりは険しいものだったが（［鴨川　二〇〇二］）、とにかくも大名の求める海上軍事力を提供することで新たな生活が可能となったのは、戦争の激化していく戦国時代後期の特徴であった。

大湊の廻船衆

信長の伊勢侵攻から信雄が北畠領国を併呑（へいどん）するまで、水面下で織田─北畠の微妙な対立が続く時期には、伊勢湾をめぐる政治状況もざわざわと波立つことになる。その最たるものが、信長が長島一向一揆への本格的討滅戦を開始したことにともなう、伊勢湾海上交通の一代拠点であった大湊との緊張関係である。小島廣次氏の研究によりながら状況を見てみよう（［小島　一九八五］）。

天正元年（一五七三）秋、信長は伊勢北部の平定を進めていた。本願寺門徒の東海地方での活動基盤だった伊勢長島には一向宗門徒が大挙して籠り、信長への敵対を激化させていたのである。木曾川河口にある長島は濃尾平野と伊勢湾との流通結節点であり、長島を撃つためには当然、海上からの封鎖も必要となる。そのため、大湊にも船の提供が命じられたのだが、一ヵ月が過ぎようとしても船は信長軍のいた桑名（くわな）に到着しない。「もってのほかの御腹立ち」、信長の癇癪に震え上がった北畠家中からは矢のような催促が続く。さらに十日ほどかかってから、ようやく大湊の船は信長軍に届けられたのであった。船といっても、大湊は廻船の基地であったから、普通の大船であった。それを軍事用の兵船に仕立てるためか、船には材木と船大工を乗せることが定められ、志摩国答志（とうし）の〈海の勢力〉である答志衆を上乗させて航路の安全を図ることも命じられていた。

癇癪を起こした信長にとって、大湊には他にも不信感を抱かせるような動きがあった。この直前、「敵方」の「伊豆の大船」が大湊に入港していた。当時伊豆は北条氏領だが、北条氏と同盟関係にあり、本願寺などとともに反信長連合の一角であった武田氏の「大船」と見たほうが蓋然性は高いかもしれない。しかも大湊は、一向宗の籠る長島方の「足弱（女性や老人・子供）」を運んだ船にも関与しており、反信長連合と関係が疑われる、不穏分子だったのだ。

もっとも、大湊の側からすると事情は異なる。東国への太平洋海上交通を基軸とする廻船基地である大湊は、廻船衆などの有力町衆によって町の運営が行われている自治都市の側面を持つ。廻船の営業範囲は織田領国を超えるために、信長以外の大名とも付き合いを継続しなければならない。信長が伊勢湾沿岸に権勢を強めていくとはいえ、信長軍に肩入れすることは、商圏を狭めることになるのだ。のらりくらりと信長の要求をかわしていこうとするのは、当然の発想である。

大湊が最終的に妥協して船を提供してからは、それまでの腹いせのように信長からの要求もエスカレートしていった。関東へ船を出したいから用意せよ、今川氏真（うじざね）が角屋七郎次郎（かどやしちろうじろう）（大湊の廻船商人）に預けていた茶道具も供出せよと、矢継ぎ早に命令が連発される。それまで自治的な野放しを許されてきた大湊が、信長の戦争に巻き込まれていく、ひとつの転機を迎えていた。

海から見た織田信長政権

以上に見てきたように、信長による伊勢湾西部の掌握はかなりの時間を費やしたもので、上洛前にすでに織田領国が伊勢湾を取り囲む支配圏を構築していたと見ることはできないのである。だがそこに注ぎ込まれた時間は、この地域の〈海の勢力〉が変質していく過程として見ることができる。

まず指摘できるのは、北畠氏という室町期以来の旧主を乗っ取ることで、信雄に与する家臣団の再編が進められ、九鬼嘉隆のような新興勢力が台頭するきっかけを与えたことである。さらに大湊のような流通拠点も、当初は信長と距離を置いていたが、戦争の激化によって支配下に入らざるを得なくなっていく。史料的には明証を欠くが、信長・信雄に対する大湊の経済的な供与も増加したことだろう。

こうして〈海の勢力〉を再編成し、流通都市を自陣に引き込んだ権力によって建造されたのが、あの大砲を装備した大船である。織田政権がほかの戦国大名と異なっていた点の一つは、これだけの資金と造船技術、労働力を集中的に投下できた点にある。そこに大砲という海外からの軍事技術が搭載されたことで、大阪湾で本願寺への兵糧搬入を目指した村上水軍が駆逐されたように、それまでの〈海の勢力〉が得意とした組織だった集団戦は、海上において最善のものではなくなったのである。

大船というハードを作ることに邁進した信長は、反面、水軍の育成にそれほど力を入れていない。九鬼嘉隆は信長直臣となることはなく、大阪湾でも中小の〈海の勢力〉を動員して海上警固を指示してはいるが、十分な効果を上げることはなく、結局、村上水軍を破ったのは大砲という大型兵器なのである。やはり信長は大砲・大船というハードを建造することに注力していたのであり、場当たり的に戦場周辺の〈海の勢力〉を動員することはあっても、組織だった水軍の整備を後回しにしていたようだ。この点は、駿河に招かれた小浜景隆に対して、海上軍事力の充実をしばしば求めていった武田氏と比較すると、より鮮明になるだろう。大船・大砲というハードを用意できた織田領国の場合、そうしたハイテク技術を駆使できるような知識を身に付けて提供するか、それとも大船を一生懸命に漕ぎ続ける水手のような労働力を提供するか、戦国大名に近づこうとする〈海の勢力〉は二極化することになる。

しかも待ったなしの戦争が打ち続く織田領国の場合、海上に戦場がなければ、〈海の勢力〉も他の家臣と同様に陸戦に動員されていく。信長が、〈海の勢力〉による恒常的な水軍を組織するには、その必要性も時間的な余裕も、きわめて限られたものしかなかったのではないだろうか。事実、対毛利戦争の進展した天正八年（一五八〇）以降、瀬戸内の〈海の勢力〉を編成する役目は、羽柴秀吉（はしばひでよし）に託されている。信長のプランでは広域的な水軍はなく、効率的な戦争対処のために、地域ごとの大名に〈海の勢力〉を従属させて、軍事的に編成するものだったことになる。

織田水軍の大将になり損ない、北畠家中として各地を転戦する九鬼嘉隆の姿は、まさにそのモデルケースなのである。

4　秀吉海賊停止令の読み方

海賊停止令を読む

いよいよ海賊停止令(ちょうじれい)の検討に入る。織田信長が本能寺の変に斃(たお)れ、織田政権の後継者として、またたく間に西日本を統一した秀吉が、豊臣政権としての基本方針を打ち出したのが海賊停止令である。一般には、これにより諸国の海賊は中央政権から明確に否定され、日本沿岸の海上から姿を消す画期となったと理解されているようだ。その見極めのためにも、三ヵ条からなる海賊停止令の全文を掲げておこう。

史料　豊臣秀吉法度　（『大日本古文書　島津家文書』三五二―六号）

定

一、全国の海上における海賊行為は堅く禁止している。なのに今度備後・伊予両国の間にある斎島で船を盗んだ者がいると聞いた。とんでもないことだ。（諸国海上において賊船の儀、堅く御停止成さるるの処、今度備後・伊予両国の間伊津喜嶋にて、盗船仕るの族これ有る由、聞し食され、曲事に思し食す事、）

一、全国津々浦々の船頭や漁師など、すべての船舶従事者は、その土地の地頭・代官が速やかに

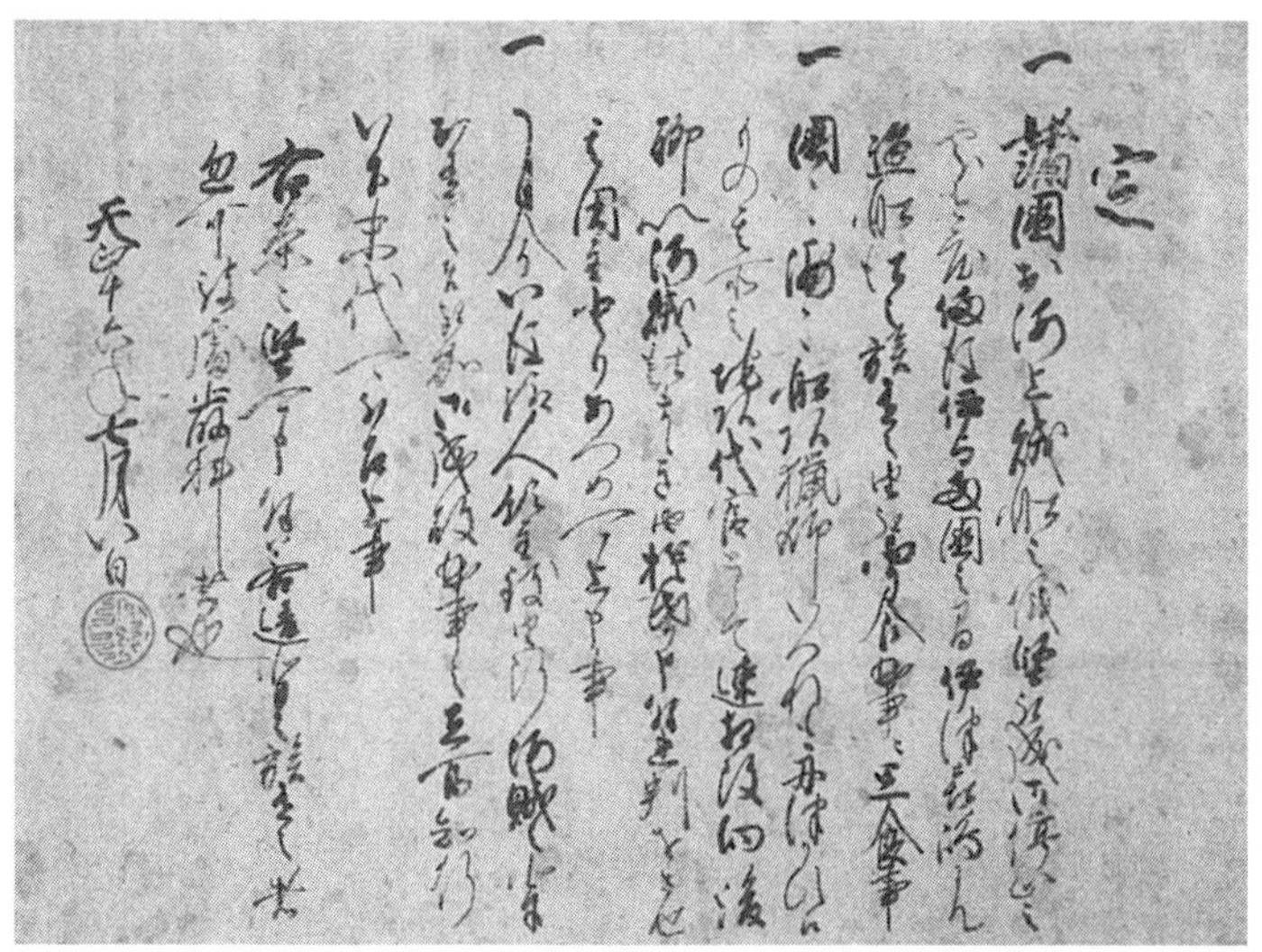
定
一 諸国於海上賊船之儀、堅被成御停止之処、
今度備後伊予両国之間伊津喜嶋にて
盗船仕之族在之由被聞食、曲事ニ思食事、
一 国々浦々船頭・猟師、いつれも舟つかひ候
もの、其所之地頭・代官として速相改、向後
聊以海賊仕間敷由誓紙申付、連判をさせ、
其国主とりあつめ可上申事、
一 自今以後、給人・領主致由断、海賊之輩
在之者、被加御成敗、曲事之在所知行
以下、末代可被召上事、
右条々堅可申付、若違背之族在之者、
忽可被処罪科者也、
天正十六年七月八日

豊臣秀吉法度（東京大学史料編纂所所蔵）

調査をして、今後海賊行為に手を染めない旨の起請文に揃って署名し提出させ、国主が集め、豊臣政権に渡すこと。（国々浦々の船頭・猟師、いつれも舟つかひ候もの、其所の地頭・代官として、速かに相改め、向後聊か以て海賊仕るまじき由、誓紙申付、連判をさせ、其の国主とりあつめ上げ申すべき事、）

一、今後、給人・領主が油断して海賊行為をする者があったら、豊臣政権が成敗を加え、その犯罪を引き起こした領地は没収することにする。（自今以後、給人・領主由断をいたし、海賊の輩これ有るに於いては、御成敗を加えられ、曲事の在所、知行以下、末代召上ぐらるべき事、）

この条々を厳しく言いつける。違反したものは厳しく処罰する。（右条々、堅く申し付くべし、若し違背の族これ有らば、忽ち厳科に処せらるべきもの也、）

天正十六年（一五八八）七月八日　（朱印・豊臣秀吉）

一条目は海賊行為の禁止という基本政策を、斎島での盗船事件に関連して、あらためて表明したもの。二条目は船舶従事者を調査し、海賊行為をしない趣旨の起請文に署名させ、領主に提出を命じている。三条目は豊臣政権による海賊の成敗権と、海賊発生地の知行没収が明記されている。

発給日の七月八日と同じ日に、豊臣政権は諸国百姓の武具所持を禁じた刀狩令を出していることから、海賊停止令は刀狩令とセットにされ、海の兵農分離政策ともいわれる。藤木久志氏によれば、政権による海の独占的な支配の達成を受けて、政権が推し進める「平和」の実現を海上にも広げるために出されたものであると整理されている（［藤木　一九八五］）。

初令探しは妥当か

海賊停止令の一条目に、海賊行為禁止をすでに発令した旨が記されたことから、藤木氏の研究以来、掲げた海賊停止令は「再令」であるとされてきた。ならば天正十六年以前に出された海賊停止令「初令」が存在するはずだとして、研究者たちが血眼になって探索を続けている。だが、それらしい海賊行為事件の処罰に関する史料は出てくるが、「初令」と言えるような法令の形式をとったものは、まだ発見できていない。豊臣政権が出した文書はそれなりの数が伝来しているにもかかわらず、である。これだけ多くの先学が必死に探しても出てこないからには、発想を変える必要があるだろう。

気になるのは二条目の「地頭・代官」という語句である。かなり日本史の素養をお持ちの方ならば、豊臣政権期に「地頭」があったのかと疑問に思うだろう。たしかに南九州の島津領や土佐の長宗我部領などでは大名領国の役職として「地頭」が見られるが、それ以外の多くは一般名詞や通称として残存するもので、豊臣政権が設定した「地頭」という職制があったわけではない。にもかからず、ほかならぬ秀吉の発給文書に「地頭」が出てくるのである。

これは、条文が第一章で既出の、鎌倉幕府による寛元三年（一二四五）海賊禁圧令を意識したためではないだろうか。念のため寛元三年令の訳文を再度掲げてみよう。

諸国の地頭・守護が海賊等を断罪する詳細は御成敗式目にも明記している。なのにその対処をしていないという情報があるので、海賊など悪党一味の存在をキャッチしたら隠しごとはしないとの起請文を御家人たちから集めたが、いまだに解決していないとのことだ。急ぎ幕府から守護・地頭に命じて、懲らしめ罰していかなければならない。それでもまだ悪党がはびこっているような情報があれば、その土地の守護も地頭も、職を解任することになる。

一読して分かるように、前半の起請文提出が海賊停止令の二条目、後半の悪党出没地の守護・地頭職改替が三条目に対応しているのだ。もっとも起請文提出の主体は船舶従事者（海民全般）であり、厳しく末代までの知行没収を明記するなど、豊臣政権の海賊停止令のほうがより徹底した内容になっていることはいうまでもない。しかし、全体として同じ構成であり、鎌倉幕府以来の武家政権が発令してきた海賊禁圧令の伝統を踏まえて、海賊停止令が出されていることは明らかであろう。

すると、一条目ですでに発令してきたように、とあるのは、代々の武家政権が発令してきたように、という意味で解釈することができるだろう。あらたに中央政権となった豊臣政権も海賊禁止の伝統を踏まえること、つまり海賊禁止を掲げる政権であることが宣言されているのだ。

宛所は誰か

つぎに宛所（あてどころ）の検討に移ろう。本来、古文書は差出人と宛先があってはじめて成立する意思疎通手段であるが、海賊停止令は宛所を欠く。文書としては島津家、大友家、加藤清正家、立花（たちばな）家、小早川（こばやかわ）家など西日本の大名家に残されているため、事実上の宛所はそれぞれの大名当主ということになる。

ここに、この法令を海賊停止令と呼ぶことの難しさがあるのだ。中央政権が海上をも支配下に置き、政権の基本理念として海賊を禁ずる法令と位置づけるならば、その対象は海賊（および海賊行為を行いそうな〈海の勢力〉）でなければならない。けれども海賊停止令の全三ヵ条を読んでも、海賊に向けて書かれた法令ではないことは明らかなのだ。起請文を集めよ、判決は豊臣政権が下す、違反者の知行は没収する。いずれも豊臣政権から大名に宛てた指示の内容である。内容面からも、大名が宛所であると考えるのが自然であろう。

とはいえ、この一点をもって、海賊停止令という史料名称が適合しないとか、賊船停止令と呼ぶべしとする議論には与しがたい。初令探しについてもそうだが、それは政権から出される文書を機械的に操作しただけで、「法令」を現代的な意義で理解しようとするものであろう。豊臣政権が中央政権として誕生する過程で、政権としての基本的な理念を表明したものならば、それは法令として考えるべきであるし、直接の宛所である大名を通じて、領内の海民に周知徹底されたものだろう。

逆に言えば、事実上の宛所が大名であったことで、海上の管理も大名の責務となるのであり、その責務を全うできない大名は、豊臣政権内で生き残ることはできないことを明示した、大名統制の意味も込めた法令と位置づけることも可能である。近年では、同日に出された刀狩令と海賊停止令を合わせて、政権の基本的な体制（豊臣スタイル）を、豊臣に服属した大名に理解させるために渡されたとする見解も出されており（［矢部　二〇一二］）、私も基本的にこの立場を支持したい。

深堀純賢という不運な見せしめ

このように、海賊停止令とは、豊臣政権が鎌倉幕府以来の海賊禁圧令を踏まえて、武士身分以外にも広くローカルの論理の発露を禁じさせ、その統制ができない大名を厳しく処罰することを表明したものとすることができるだろう。鎌倉幕府が徳政のときにだけ時限的に掲げていた看板を恒常的なものとし、地域大名の責務を明確にしてその厳正な対応を示したことにより、つねにローカルの論理を封印することを原則とした政治権力が、中央統一政権として出現したのである。

理念を掲げただけの看板倒れにならないように、豊臣政権は実行して見せることも忘れなかった。標的にされたのは深堀純賢（ふかぼりすみまさ）である。深堀氏は肥前国高来郡（ひぜんのくにたかくぐん）深堀を本領とし、中世を生き抜いてきた〈海の勢力〉で、戦国末期には肥前の大名龍造寺氏のもとに緩やかに統率されていたが、なお独立性を保持し、東シナ海に面した長崎半島の地の利を生かして海上交通にも影響力を持っていた。

秀吉が九州に遠征し島津義久を降した直後、豊臣政権は深堀氏を海賊行為の容疑で取り潰した。フロイスの『日本史』によれば、深堀氏は「大海賊」であり、「略奪」を働いて、「長崎の住民に多大の害を及ぼし」ていたという。別の史料には、中国船・南蛮船あるいは国内各地から来る船に対して悪事を働いていたとある。その海賊行為が、海賊停止を旨とする豊臣政権の基本政策に抵触し、深堀氏の居城は破却され、領地は龍造寺氏に与えられた。

当時、長崎を支配していた大村氏と深堀純賢は抗争中で、海賊行為も大村方の船に対する「略奪」

としてエスカレートしたものだったのだろう（「鍋島直茂譜考補」）。教会領となってイエズス会の布教拠点であった長崎と対立した深堀純賢は、フロイスの『日本史』の中でも悪しざまに描かれている。九州入りののち、長崎を直轄地とし海外交易の振興を図る秀吉に、深堀純賢の存在は邪魔な存在だったのだろう。改易への条件が揃う。

同じころ、瀬戸内の能島村上氏も海賊行為によって豊臣政権から詰問されていた（［山内　二〇〇五］）。最終的に、九州平定とその後の九州仕置の結果、筑前に移された小早川隆景に従って、能島村上氏は瀬戸内海を離れていった。

長崎や瀬戸内海といった豊臣政権が目を付けた海上交通の要衝では、流通を滞らせるようなローカルの論理を振りかざす〈海の勢力〉は、政権によって排除されていくのだ。たしかに、この点では、豊臣政権の掲げた海賊停止令とそれによる強制的な取り潰しは、中世から続く〈海の勢力〉の息の根を止めたということができる。

本質的な停止

だが、豊臣政権の成立が〈海の勢力〉に与えたダメージとして、海賊停止令よりも深刻だったのは関所の廃止政策である。信長の後継者となった直後から、秀吉は京都の関所を廃止するとともに、流通業者に賦課をかけていた天皇・公家・寺社などの権限を否定していったのである。

よく知られているように、信長も関所を撤廃し、楽市楽座など流通の自由化を進めていった。ただ信長の場合、永禄十一年（一五六八）の上洛後に領国内の関所撤廃を宣言し、新たに征服地を得るたびにこの政策を進めていったのだが、どちらかといえばこの撤廃は、中世の武家政権が徳政のたびごとに出してきた関所の撤廃と共通性が高く、戦国大名の流通保護政策のように、信長の徳政として理解すべき性質のものである。いまだ恒常的な関所の完全廃止と、それにともなう流通の再編を進めるまでには至らなかった。

一方、秀吉の関所撤廃は、各地で実行に移されたことが史料から追うことができ、豊臣政権の基本政策の一つとされたようだ。海ではないが、琵琶湖畔の港町である今津でも、商人の荷物に対する賦課を禁じる指示が、秀吉重臣の浅野長政から出されている。そこで長政は「日本国の諸役・京都の見入関・兵庫津の関・浦々の役儀」などが秀吉により廃止されたことを前提にしている（「河原林文書」『滋賀県史　第五巻』）。秀吉の領国が全国に拡大するとともに、全国レベルで「日本国の諸役」が停止されるのである。

九州入りの前年、秀吉から毛利氏に宛てた条書にも「一、海陸役所停止事」とあった（〔天正十四年〈一五八六〉〕四月十日付、豊臣秀吉朱印状『大日本古文書　毛利家文書』九四九号）。この「役所」は関を意味し、陸上の関・海上の関、どちらも豊臣政権によって否定されたのである。海上の関とは、つまり〈海の勢力〉がそれまで経済基盤としてきた、ナワバリからの収奪に他ならない。全国的な流通の円滑化を優先したとき、そして関を廃止できる政治権力が誕生したとき、〈海の勢力〉の存立基盤は奪われていったのだ。同時にこれは、経済流通を活性化させるために関所を撤廃し、関を既得権益としていた天皇・公家・寺社・国人・地侍・〈海の勢力〉などから、ナワバリを引きはがす政策でもある。

ここに海賊停止令が位置づけられる。関所を廃止し、流通に寄生していたあらゆる勢力の既得権益の排除を図ることで、流通の再編を推し進めようとする豊臣政権にとって、〈海の勢力〉も障碍の一つであることに変わりはない。〈海の勢力〉が生業としていた、ナワバリに基づく津料・寄船といった収益や、ローカルの論理による海賊行為を「不法」なものと否定することで、政権はその解体を可能とすることができたのである。

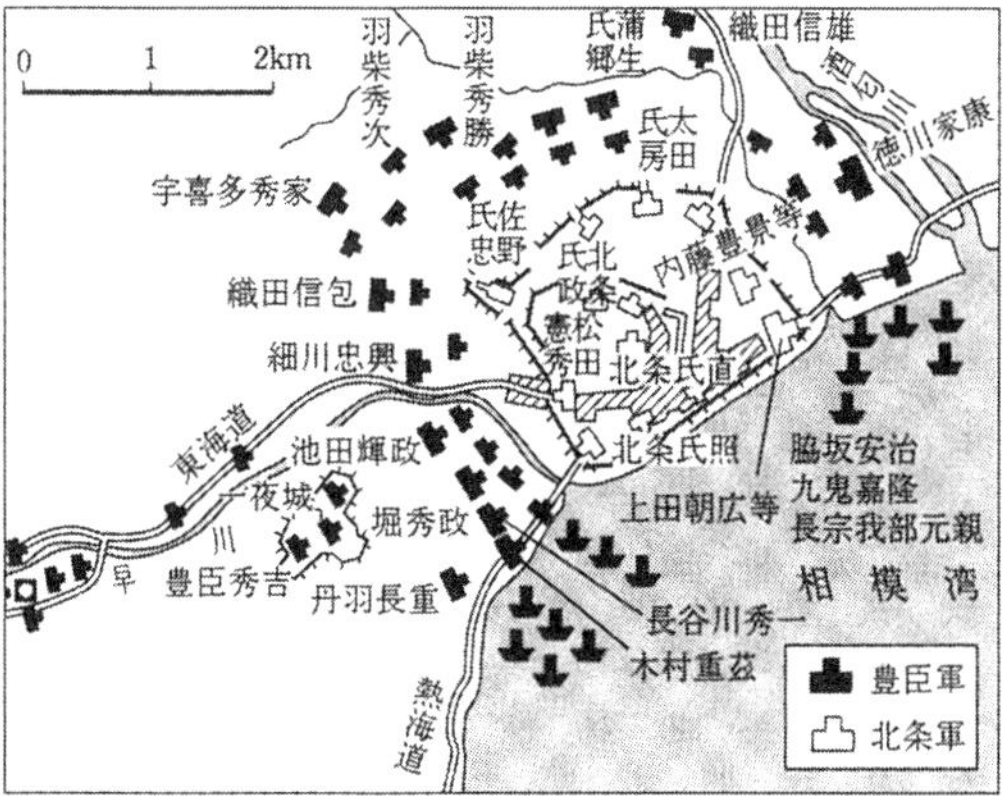

しかも既述のように、津料・寄船・海賊行為は、戦国期以降、地域権力として君臨してきた戦国大名領国では徐々に否定される傾向にあった。いわば豊臣政権はその方向性を一歩進めただけにすぎず、勢いを弱めつつあった〈海の勢力〉の余命を、ほんの少し短くし

小田原攻めの布陣図（池上裕子『日本の歴史15　織豊政権と江戸幕府』講談社）

ただけということもできよう。一方で海賊停止令の見せしめとなった深堀氏と能島村上氏の場合、肥前も瀬戸内も戦国期に排他的な大名が育たなかった地域であり、在来の〈海の勢力〉がナワバリを維持したまま、豊臣政権に臣従することになった。おそらく深堀純賢からすれば、なぜ豊臣政権が自らの経済基盤を否定するのか、その理屈すら呑み込めなかったのではないだろうか。

ナワバリの解体

豊臣政権下で、〈海の勢力〉のなかには大名や豊臣政権の船手となって、水軍に従事する者も現れた。天正十八年（一五九〇）の小田原攻めに際し、海上から小田原城を包囲した兵船に乗り込んでいたのが、〈海の勢力〉にルーツを持つ者だったことは想像に難くない。海上の軍事力を提供し、その見返りとして俸禄を得て、大名から給地を支給される。それはすなわち〈海の勢力〉がナワバリに依拠せずとも、毎年決まった収入を得ることが可能となったことを意味する。この時、中世的な〈海の勢力〉は、大名の軍事力の一端を担う、その他の家臣大勢と同等の存在となる。得意とする担当軍事技術が陸上か水上かの違いがあるだけで、大名から俸禄を受ける家中として、ほかの家臣と同等に武士として遇されることになるのだ。これも十六世紀後半、全国的な戦争の激化にともない、戦国大名が海上軍事力を持つものを編成していく、その延長線上にある。

戦国・織豊期は〈海の勢力〉が解体されていく時期であった。戦国大名・統一政権に軍事力を提供するようになること。海賊行為など行き過ぎたローカルの論理に掣肘を加えられること。そして、関の正当性の根源であったナワバリが否定され、剝奪されていくこと。この三つの流れが絡み合いながら合流し、〈海の勢力〉の解体という同じ出口に向かう奔流となるのだ。海賊停止令は、いわばすでに終わりが見えていた〈海の勢力〉に引導を渡すことを統一政権が宣言したにすぎず、海賊停止令のみをもって彼らが廃絶したわけではないことを強調しておきたい。

海というナワバリから離れ、なかには大名や統一政権に仕官し、俸禄のみで生計を立てるようになる者も現れた。しかし、どんなに海上での戦闘行為に長けていたとしても、彼らはもはや〈海の勢力〉ではない。第二章で見たように、〈海の勢力〉は室町期にも守護などの水軍として活動し、ナワバリを離れたエリアに出現することもあった。だがその時は、ナワバリからの収益が消滅したわけでもなければ、守護からの俸禄のみで生計を立てていたわけでもない。むしろ守護たちは、〈海の勢力〉に引き寄せられて彼らと同じ目線でナワバリの正当性を掲げ、通行者たちに寄生しようとさえしていたのだ。室町期と戦国・織豊期との間には、大きな段階差があるのである。

豊臣政権の駄目押しにより、〈海の勢力〉はナワバリに別れを告げていく。それはつまり、津料・寄船の言いがかり、海賊行為などといったローカルの論理を振りかざして通行者からの徴収を正当なものとしてきた、〈海の勢力〉の生業の多様さを捨て去ることでもあったのだ。

秀吉のねらい

最後に、十六世紀の倭寇問題に触れておかなくてはならない。

一般的に、十四〜十五世紀の朝鮮半島・中国沿岸部に被害を与えたものを前期倭寇、十六世紀のおもに中国沿岸部を中心に被害を与えたものを後期倭寇と呼んでいる。だが前期・後期というほどには内実に連続性はない。前期倭寇とされた十四〜十五世紀の倭寇については第二章で見たとおり、南北朝内乱による国内治安の悪化から、朝鮮半島などを襲うようになった日本人が主体であったとされている。一方、十六世紀の倭寇は、とくに中国沿岸部で明国が禁止していた民間交易に手を染めながら、離合集散して反体制的な動きを取る複数の集団である。日本からも東シナ海交易に関与して倭寇集団と連携する〈海の勢力〉がいたが、明国の国内支配の弛緩が要因としては大きい。明は長年の海禁政策を緩和し、沿岸部の交易者たちを抱え込もうとするが、対日本の交易だけは解禁されなかったため、前代からの国際秩序は維持されていた。

明から「日本国王」として認められてきた室町幕府将軍に代わり、統一政権として君臨した秀吉は、九州平定後、明との国交締結を急いだ。政権として日明貿易を独占できるだけでなく、東アジアの国際秩序において、秀吉が新たな日本の統治者である「国王」名義を持つことが、諸国との外交には必須の条件だったためである。

海賊停止令はこの点でも大きな意義を持った。日本の沿岸部の海賊行為を禁じ、海に生きる人々を全般的に掌握することを可能にするこの法令こそ、秀吉が「日本国王」になるために必要だったのだ。朝鮮出兵後の秀吉の講和要求で「明国を侵す倭寇がいるときいて、国内隅々まで威令をもって海路の平安を実現してやったのに、なぜに感謝の言葉もないのだ！（日本の賊船、年来大明国に入り、処々にて横行し、寇を成すと雖も〔中略〕既にして遠島辺陬も海路平穏にして、通貫に障礙なく之を制禁す、大明亦希む所に非ざるか、何の故に謝詞を伸べざるや、）」（文禄二年〔一五九三〕六月二十八日付、豊臣秀吉朱印状『続善隣国宝記』）というように、海賊停止令は、秀吉の東アジア外交における前提として、少なくとも外向けには既成事実として使われた。海賊停止の延長線上に倭寇問題を見据えたとき、海賊停止令は国際法ともなりうるのである（［藤木　一九八五］）。

中国沿岸部に大きな被害をもたらした倭寇集団に、日本からどのような人々が参加していたのか。実際のところ、日本側史料が乏しく判然としない。断片的な史料によれば、南九州からは恒常的に倭寇活動を行う人々がいたことがうかがえ、彼らは海の事情に通じていることから、やはり〈海の勢力〉の一部だったのであろう。あるいは、文字史料に残らないという点を重視すれば、文字を書き記す階層よりは身分的に下位の者たちが進んで参加していったということができるかもしれない。

朱印船と雑兵

日本列島が次なる時代に向けて動き始め、沿岸部から〈海の勢力〉が解消していくこの時期、海の向こうに飛び出す一員もいた。このころ、大陸との交易は倭寇が介在したものから、日本国に誕生した統一政権の許可を受けた朱印船貿易へと比重を移しつつあり、南蛮勢力との接点となる東南アジア各地には多くの日本人町が成立していた。こうした拠点をベースに、日本から約十万人もの雑兵が

「輸出」され、傭兵として活躍していたのである（[藤木 二〇〇五]）。朱印状を発給された海商たちと、海を渡った雑兵たち、ともに海と馴染みがあるという共通点を持つ。

朱印船貿易というと合法的なイメージが強いが、その実態は、直接・間接の差はあれ、前代の倭寇の系譜に連なるものたちであった。倭寇の交易範囲と朱印船の活動範囲は、公式に対日貿易を禁止し続けた明を含むかどうかの違いを除いて綺麗な一致を見せるし、倭寇が暴力的かつ非合法な交易をしたことは否定しがたいが、かといって朱印船貿易家がひたすらに平和な交易にのみ専念したわけでもないだろう。倭寇と海商の違いは、究極的には日本の政権から朱印状一通を発給されたか否かという一点にあり、まさに紙一重の差しかなかったと見ることができる。海を運ばれていく金品にとっては、倭寇船に載せられたか朱印船に載せられたかの問題にすぎず、南蛮勢の参入によって活況を呈していく東シナ海市場に進出していった倭寇船と朱印船は、連続的に捉えるべきであろう。

だとすれば、倭寇に便乗して大陸に向かった〈海の勢力〉と、朱印船の水手や現地の各種労働力として東南アジアに「輸出」された雑兵たちの間に、明確な線引きをすることは困難となる。その出自は海賊や船乗り、商人や失業者などと推定されているように（[岩生 一九六六]）、海を渡った彼らにもまた、もともとは日本の沿岸部に住む〈海の勢力〉が含まれていたのである。統一政権の誕生により日本に平和がもたらされたとき、商業に軸足を置いて政権と密着できた〈海の勢力〉は朱印船を経営する側となり、下層の労働力として戦場を駆けめぐっていた〈海の勢力〉は新たな稼ぎ場を求めて東南アジアへと渡海する。

天下統一以降、静かな安定へ流れていく日本社会と、ざわざわと賑わうアジアとの、海のギャップが広がっていくなかで、一攫千金の好機をねらうもの、起死回生の新天地を求めるもの、ざわめきへの郷愁に突き動かされたもの、さまざまな思いを抱いて彼らは海を渡ったのである。

エピローグ　旅立ちの海

〈海の勢力〉とは何か？

中世日本の津々浦々をめぐりながら、〈海の勢力〉を考えてきたこの旅もそろそろ終盤である。本書で〈海の勢力〉と呼んできたその意味を、あらためて振り返っておくことにしよう。

中世の海に影響力を持った集団に、史料上の用語や研究上の命名をして、研究者たちはさまざまに呼んできた。「海賊」「水軍」「海の武士団」……。いずれも彼らの一面を捉えてはいるが、一つに名付けてしまうことで、表裏一体の裏面は後景に退いてしまうのだ。従来の研究はその一面に注目するあまり、個別の具体事例は数多く検出されたものの、かえって全体像を見渡すことは難しくなった。そこには、武士による海上流通の掌握といった十分に検証をされていないテーマが、つい前提とされやすいことも尾を引いている。

そこで本書は彼らを〈海の勢力〉と呼んで注目し、その行動を広く追ってきた。右往左往しながら、あちこちの海にまつわる光景を巡ることで見えてきたところによると、彼らはナワバリに依拠してローカルの論理により通行者たちから徴収を行い、時には海賊として暴力的な略奪を働くこともあれば、権力者に海上軍事力を提供することもある集団であった。しかし「海賊」といえるほど始終反体制の行動をするわけでもなく、「水軍」というほどに権力者との関係は強固ではなく、「海の武士団」というほどには武士社会にコミットしない、彼らのありようをある程度は描くことができたのではないだろうか。

一方、〈海の勢力〉に対する中世武家政権の対応姿勢は、時々で随分と異なるものだった。権力が分散的で、列島の支配を貫徹できなかった政権が続く中世の日本で、彼らを完全に抑え込んで服従させることは至難の業である。徳政という時期限定で彼らへの関与を強化しようとする政権もあれば、海の富を確保するために彼らを直接手なずけようとする政権や、反体制と位置づけないことで丸抱えした政権もあった。これらは、どれもその時々の武家政権による、〈海の勢力〉との折り合いの付け方なのである。

彼らが追い込まれていくのは、列島各地に地域紛争が蔓延していく戦国時代である。領国の保全に傾注した戦国大名という地域権力の確立と、全国的な流通の再編というウネリが押し寄せ、彼らは徐々に変質を余儀なくされていく。ナワバリと、それに基づくローカルの論理の発露という彼らを支えた活動基盤が、じわじわと規制されていったのだ。ついには列島の統一権力として、中央の公儀が秀吉によって打ち立てられたことで、中世的な〈海の勢力〉は消えていくのである。

武士は海を志向したのか

流通の場であり、富の集積する場である海を、武士は志向する。漠然と暗黙の了解とされてきたこの命題も、本書で見てきたように、そのままでは成り立ちにくいものだった。

そもそも鎌倉幕府は、港湾整備やローカルの論理を制限することで流通の安定化を目指していた。しかし在地に下った末端の御家人たちは、ローカルの論理に手を染め、〈海の勢力〉の生業でもあった略奪を行っているのだ。海賊の禁圧を掲げ続けた鎌倉幕府はこれを制することができないまま滅び去り、室町幕府は当初の一時期を除いて、海賊禁圧の看板を下ろしてしまう。これにより将軍は「海賊」を主―従の関係に引き込むことができ、守護たちは、鎌倉幕府の地頭と同様にローカルの論理に手を染め、〈海の勢力〉を編成していった。

これまで「海を志向する」の中身は十分に議論されてこなかったが、海上流通が持つ利便性の恒常的な享受と、流通がもたらす富の利那的な収奪とが、峻別されないまま進められてきたように思う。鎌倉幕府や戦国大名は前者に比重を置き、鎌倉期の地頭や室町期の守護は後者に邁進したのである。そして〈海の勢力〉は、前者にとっては規制される対象であり、後者にとっては同業者なのだ。大袈裟にいえばこれは、武士が「海を志向」しようとしたその時、〈海の勢力〉というローカルが武士の咽元に刃を突き付けて迫った選択――規制か遵守か――の結果だったのかもしれない。

さらなる問題の複雑さは、行き過ぎた〈海の勢力〉が、体制側から規制されるときも、同業者から牽制されるときも、ともに「悪党」「海賊」と呼ばれることである。得宗専制から南北朝内乱にかけて、日本列島各地で展開した光景だ。裏を返せば、得宗専制も南北朝期の政治権力も、〈海の勢力〉の統制者と同業者の両面を併せ持っており、それゆえに各地で抗争が激化するのである。それを「志向」の一語で片付けてしまうのは表面的にすぎる。

掘り下げるならば、時期ごとに異なる「武士」のありかたに注意して、〈海の勢力〉との関係性から、「海を志向する武士」の実情が説明されるべきであろう。中世史研究に海という視点が不可欠のものとなったのは喜ばしいことであるが、「海」という言葉を出すだけで終わってしまっては、せっかく摑みかけた歴史のカギを海中に落とすことになりかねない。

自力の世界

取り上げてきたローカルの論理＝〈海の勢力〉の行動パターンは、中世史学界で自力の世界と呼んでいるものと、おおむね重なる。自力とは、みずからの力で物事に対処していくこと。裁判など公的な方法に依らず、権利者が自分の力で自己の権利を回復する「自力救済」は中世社会の基本原則とされている。先鋭化した自力には武力制裁の行使がある点でも、〈海の勢力〉のそれと共通性が高い。

自力の反対語が「公」だとすれば、中世は力強い在地の自力と不完全な中央の公がせめぎ合いながら展開していく時代であった。中央の公から見ると、地方の自力の世界はしばしば「田舎」と蔑まれ、それを抑圧していこうとはするが、なかなか抜本的な解決には至らない。だが戦国大名という地域の公儀が生まれると、強く規制されることになる点でも、〈海の勢力〉と自力の世界には、重なる部分が多い。

けれども中世社会は、時に行き過ぎた自力に対して、公的な政治権力でなく、自力の世界がみずから規制をかけ、時には自力救済を否定することもあった。各地でさまざまな階層が結んだ一揆は、行きすぎた自力を牽制する集団の作法でもあったし、紛争当事者同士ではない第三者が利害関係を超えた解決に導く中人制も、自力救済の暴発を避けるシステムの一つだった。一揆や中人制は、戦国大名に代表される地域的公儀の成立母体となった可能性を指摘されてもいる（［勝俣　一九七九］［久留島　二〇〇一］）。

一揆やそれに類する党的結合は、松浦党や瀬戸内の村上氏、北方の安藤氏などの〈海の勢力〉にも特徴的に見られた。彼らはナワバリの共有・隣接など地縁的な理由でグループ化する必要があり、そこに掲げられたローカルの論理は、まさに自力の世界の大義名分である。だが彼らは、党的結合を重ねながらも、その中から地域紛争の解決の手段として戦国大名を生み出すことはなかった。松浦党の連合は戦国期に雲散霧消し、村上氏からは村上武吉が戦国末期にリーダー的地位にあったものの、領域の公儀と呼べるような権力組織を築いたわけではない。わずかに安藤氏が出羽北部にあって戦国大名化したといえるが、その契機は内陸部での戦闘による領国の拡大であり、海を主たる基盤として成立したわけではない。

結合しながらも、公儀を生み出せなかった点で、陸の自力の世界と〈海の勢力〉は大きく異なる。

その詳細な検証は今後の課題だが、あえて一つ指摘するとすれば、海は土地よりも功利的なナワバリであったために、利に引きずられて結合の内実が強固なものとならなかったためではないだろうか。時々刻々、移り変わっていく流通に寄生する〈海の勢力〉にとって、エリアの公儀よりも目先の効率を優先してしまう場面が続いた可能性は高い。結局はそれが、〈海の勢力〉が次なる近世社会に残れなかったこととも関連してくるのだ。

ナワバリの変質

ナワバリに起因する海事慣習が〈海の勢力〉の依って立つ基盤であったにもかかわらず、それも徐々に変質していく。中世社会におけるナワバリ全般の変質過程となると、とても私一人の手に負えるようなテーマではないが、本書で見てきた限りでは、やはり戦国期が大きな画期となるようだ。

これは中世から近世にかけての商人の動きと通じる。当時、商人たちの独占的な営業テリトリーは立場（たてば）と呼ばれており、こうした立場をめぐって、戦国期になると商人同士の相論が頻発するようになり、それまで口頭の世界で慣習的に認められていたものが、裏付けとなる文書（偽文書も含む）を必要とするようになる（[桜井　一九九六]）。戦国期に、職人たちの由緒を保証すべく、天皇や将軍、あるいは神々との由緒を語るために作られた偽文書と、瀬戸内海の村上氏のもとに伝来し、「海内将軍」であることを保証した足利義稙（よしたね）御教書写や後奈良天皇口宣案写などの偽文書は、同じ時代背景の産物である（[金谷　一九九八]）。逆に言えば、偽文書が登場するようになるほどに、ナワバリは動揺をきたし、慣習だけでは成立しがたい状況を迎えているのだ。

商人たちのナワバリは近世社会にも一部残存し、それ以外にも、漁場や網場などを領有した漁業関係の人々、あるいは的屋(てきや)や香具師(やし)と呼ばれた人々の世界には強固に残っていくことになる。だが、近世に〈海の勢力〉のナワバリは否定され、沖合を通過する船がその土地の寺社に礼帆（帆を下げて敬意を表する報賽(ほうさい)）を行うなどといった、宗教的なナワバリがわずかに残るのみとなる。〈海の勢力〉がナワバリを喪失した背景は、その解体過程と合わせて今後全国的に検討する必要があるが、展望的に述べてしまえば、彼らがナワバリから収益を上げることが、必ずしも職能によるものではなかったためではないだろうか。商人のように仕入れと販売に注力することもなく、漁師のように生産直結の場として土地の延長とも認められず、職人ほど特殊な技術とそれに見合う対価という因果関係もはっきりしない。

その収益はローカルの論理が発露した成果にすぎないものと認識されてしまったとき、近世社会は彼らの存在を許さない方向へと舵を切ることになる。独占的・排他的な自力の根拠と見なされることで、戦国大名という地域の公儀、豊臣政権・徳川政権という中央の公儀によって、「はずれ者の世界」、さらには〈海の勢力〉のナワバリそのものが確実に否定されていき、中央の公儀が日本の沿海部を管理するようになる。十七世紀初頭、天下を手中に収めた徳川家康が、陸奥や平戸に漂着した琉球船を丁寧に送還したのも、徳川政権という新たな公儀がローカルの論理を封じ込め、日本列島沿岸部を管理下に置いたことを強くアピールするためにほかならない（[黒嶋　二〇一〇]）。

彼らの針路

〈海の勢力〉にとって息苦しさが募る一方だった戦国期から近世初期にかけて。柵のなかで、しだいに彼らは別の人生を歩み始めるようになる。たとえば船手として、大名や統一権力に臣従して水軍となり、他の家臣と同様に武功を上げることに勤しみ、俸禄で生計を立てていくものもあった。なかには独立して外様大名となった九鬼氏や久留島氏・秋田（安藤）氏のほか、江戸幕府の船手となった向井氏や小浜氏などもおり、彼らは大名や旗本・陪臣として武士社会の一員として近世を生きることとなる。

もっとも大名とはいえ、陸奥三春藩秋田家（五万石）、摂津三田藩九鬼家（三万六千石）、豊後森藩久留島家（一万四千石）というように数万石程度の石高で、いずれも内陸部にある海の見えない封地であった。このため、もともと武家政権の海に対する関心は低く、それゆえに彼らは優遇されなかったのだ、という議論を耳にすることがあるが、これは正しくない。

むしろこれは、〈海の勢力〉の構成メンバーが、あらゆる職業を選択肢として持っていた結果、武士という職業に進むものが少なかったためとするのが自然である。詳細は略すが、ある者は廻船業に、ある者は商人に、ある者は漁業に、ある者は農業に、あるいは既述のように東南アジアへの貿易や新生活に活路を見出したものもおり、彼らの進んだ道は文字どおり多岐に渡る。一見すると、〈海の勢力〉に出自を持つ大名や旗本・陪臣が少なく見えるのは、彼らが持ち合わせた選択肢のなかで、「武士」という職業にそれほど馴染みもなく、さほど魅力的ではないために選ばれなかった結果だといえるだろう。

もともと中世〈海の勢力〉を構成したメンバーの生業は、多岐に渡っていた。ナワバリという地縁的凝集核によって集まった彼らは、ナワバリを失ったことで、行き過ぎた暴力を禁じ海賊を反体制的な異端とした近世社会で、それぞれの境遇に応じた新たな指針に従ったまでのことなのだ。この点からも、彼らを「海の武士団」と呼ぶことには慎重にならざるをえない。

「海の武士団」という自己矛盾

波の上で思いついた「海の武士団」への素朴な疑問から出発し、中世という時代の移り変わりと合わせて、いくつもの海の事情を見てきた今、ふたたび「海の武士団」という言葉の妥当性へと話が戻ってきた。

中世前期、荘園公領制という物流の仕組みのもとで、武士たちが利権の場に介入するなかで、沿岸部では武士が中心となって形成された〈海の勢力〉が存在したことは確かである。ただし、特殊技能者としての海の民を編成し、海上の軍事力ともなるこの社会集団を「海の武士団」と称してしまうと、集団内部の多様性を無視して「武士」集団であるとの先入観を与えてしまいかねず、実態と乖離してしまう。これは近世社会を迎えたときの、彼らの進路を踏まえれば明らかであろう。「海の武士団」

には、まずはこの表現上の自己矛盾（ジレンマ）がある。

さらに、「海の武士団」と呼んでしまうと、彼らが抱えていた自己矛盾を覆い隠してしまうことも問題である。本書で見てきたところでは、武士による統治という活動と、ナワバリから収益を上げる行動とは、ある次元では親和性を持ちながら、別の次元ではつねに抵触していた。北条氏や室町期の守護たちのように、民治の思想を後回しにすることで、みずからが流通の利潤を吸い上げることに執着できた権力ならば、自己矛盾に目をつぶり〈海の勢力〉と共存することができた。だがしかし、武家政権として撫民思想に燃えた鎌倉幕府や領国の「公儀」として権力体を作り上げていく戦国大名にとっては、ナワバリから収益を上げる生業は、不都合きわまりない弊害でしかなく、自己矛盾にもだえ苦しむことになる。近世へと時代が動き、武士がその武力により社会を統治する地位を獲得し、より広範な人々の支持を獲得しなければならなくなると、ナワバリから収益を上げる生業は放棄せざるをえない。自己矛盾を解消して、近世の武士が海のナワバリから決別したその時、社会集団としての〈海の勢力〉は消滅を迎えることになるのである。このような彼らを「海の武士団」と呼んでしまうと、「武士団」が「近世武家社会」に生き残れなかったのはなぜか、という難問（悪問？）を設定することになってしまうのだ。

中世という社会は、この自己矛盾が顕在化しないように、ある程度のところで折り合いをつけながら展開してきた。折り合いを付けることができたのは、完全なる統治者になりきれなかった武士にとって〈海の勢力〉との共存は難しいことではなく、〈海の勢力〉によるナワバリからの収奪も、慣習という許容範囲の中で正当性を与えられてきたことによる。そこに、彼らを「海の武士団」と呼びえた理由の一端は、ある。だがかりに彼らを「海の武士団」と呼ぶならば、彼らの内部に蓄積されていった自己矛盾の在り処をも、冷静に見極めていかなければならない。中世の海の光景は、近世のそれとはずいぶん異なったものだったのだから。

ざわざわと潮騒と喧騒に包まれていた海が、すっかり凪いで静かになる。静寂は、中世という時代を生きてきた彼らの残響すら、やがては消し去ってしまうかもしれない。

静寂のなかに残る彼らの余韻を聞き分けながら続けてきた旅も、ここでいったん休むことにしよう。

参考文献

相田二郎　一九四三年『中世の関所』畝傍書房（一九八三年に吉川弘文館より復刊）
青山幹哉　一九九八年「公武両政権下の尾張」『新修名古屋市史　第二巻』
秋山哲雄　二〇〇六年『北条氏権力と都市鎌倉』吉川弘文館
秋山伸隆　一九九八年『戦国大名毛利氏の研究』吉川弘文館
網野善彦　一九八四年『日本中世の非農業民と天皇』岩波書店
網野善彦　一九八七年『増補　無縁・公界・楽』平凡社
網野善彦　一九九〇年『日本論の視座』小学館
網野善彦　一九九四年a『日本社会再考』小学館
網野善彦　一九九四年b「海の領主、海の武士団」『朝日百科　日本の歴史　別冊歴史を読みなおす8武士とは何だろうか』朝日新聞社
網野善彦　一九九五年『悪党と海賊』法政大学出版局
網野善彦　二〇〇〇年『「日本」とは何か』講談社
有光友學　一九九六年「戦国前期遠駿地方における水運」『横浜国立大学人文紀要　哲学　社会科学』四二
飯田良一　一九八八年「文明年間における伊勢湾の警固と廻船」『三重県史研究』四

池上裕子　二〇一二年『織田信長』吉川弘文館
石井謙治　一九九五年『和船　Ⅰ・Ⅱ』法政大学出版局
石井　進　一九六九年「九州諸国における北条氏所領の研究」竹内理三博士還暦記念会編『荘園制と武家社会』吉川弘文館（のち、同氏著『石井進著作集　四　鎌倉幕府と北条氏』岩波書店、二〇〇四年に所収）
市村高男　一九九五年「中世東国における内海水運と品川湊」『品川歴史館紀要』一〇
市村高男　二〇〇六年「日本中世の港町の景観と航海圏」歴史学研究会編『港町のトポグラフィ』青木書店
伊藤俊一　二〇〇五年「省陌法の周辺――五十文緡の存在と目銭の意味――」『出土銭貨』二二
稲本紀昭・宇佐見隆之・柘植信行・峰岸純夫・綿貫友子　一九九八年「中世太平洋海運と品川」『品川歴史館紀要』一三
井上寛司　一九八六年「中世山陰における水運と都市の発達」有光友學編『戦国期権力と地域社会』吉川弘文館
入間田宣夫　一九七八年「鎌倉幕府と奥羽両国」大石直正・小林清治編『中世奥羽の世界』東京大学出版会
岩生成一　一九六六年『南洋日本町の研究』岩波書店
宇佐見隆之　一九九九年『日本中世の流通と商業』吉川弘文館
宇田川武久　一九八一年『瀬戸内水軍』教育社
上横手雅敬　一九五八年『北条泰時』吉川弘文館
榎本　渉　二〇一〇年『僧侶と海商たちの東シナ海』講談社

遠藤　巌　一九七六年「中世国家の東夷成敗権について」『松前藩と松前』九
大石直正　二〇一〇年『中世北方の政治と社会』校倉書房
大石直正・高良倉吉・高橋公明　二〇〇一年『周縁から見た中世日本』講談社
小川　雄　二〇一一年「織田権力と北畠信雄」戦国史研究会編『織田権力の領域支配』岩田書院
折口信夫　一九九五年『折口信夫全集　三』中央公論社
海津一朗　二〇〇四年「「元寇」、倭寇、日本国王」歴史学研究会・日本史研究会編『日本史講座　四　中世社会の構造』東京大学出版会
海保嶺夫　一九九六年『エゾの歴史』講談社
笠松宏至　一九八三年『徳政令』岩波書店
勝俣鎮夫　一九七九年『戦国法成立史論』東京大学出版会
勝俣鎮夫　一九九六年『戦国時代論』岩波書店
神奈川大学日本常民文化研究所編　二〇〇九年『海と非農業民』岩波書店
金谷匡人　一九九八年『海賊たちの中世』吉川弘文館
鴨川達夫　二〇〇二年「武田氏の海賊衆小浜景隆」萩原三雄・笹本正治編『定本・武田信玄』高志書院
鴨川達夫　二〇一一年『武田信玄と毛利元就』山川出版社
岸田裕之　二〇〇一年『大名領国の経済構造』岩波書店
久留島典子　二〇〇一年『一揆と戦国大名』講談社
黒嶋　敏　二〇一〇年「島津侵入事件再考」小野正敏ら編『中世はどう変わったか』高志書院

黒嶋　敏　二〇一二年ａ『中世の権力と列島』高志書院
黒嶋　敏　二〇一二年ｂ「「鉄の船」の真相」金子拓編『「信長記」と信長・秀吉の時代』勉誠出版
黒嶋　敏　二〇一二年ｃ「室町幕府と南蛮」『青山史学』三〇
小島廣次　一九八五年「伊勢大湊と織田政権」藤木久志編『戦国大名論集　第十七巻　織田政権の研究』吉川弘文館
小泉聖恵　一九九六年「得宗家の支配構造」『お茶の水史学』四〇
小島道裕　二〇〇四年「中世後期の旅と消費」『国立歴史民俗博物館研究報告』一一三
小島道裕　二〇〇六年『信長とは何か』講談社
小林保夫　二〇〇五年「兵庫北関入船納帳にみる関銭納入システム」『堺女子短期大学紀要』四〇
五味克夫　一九九七年「中世の河邊郡と河邊氏」川辺町教育委員会編『川辺町文化財調査報告書　四　清水磨崖仏群』
五味文彦　二〇一〇年「道家の徳政と泰時の徳政」『明月記研究』一二
齋藤浩俊　二〇〇三年「中世後期の瀬戸内海海運と兵庫津」『新潟史学』五〇
佐伯弘次　一九九〇年「室町時代の遣明船警固について」九州大学国史学研究室編『古代中世史論集』吉川弘文館
佐伯弘次　一九九二年「海賊論」荒野泰典ほか編『アジアのなかの日本史　三　海上の道』東京大学出版会
桜井英治　一九九六年『日本中世の経済構造』岩波書店
桜井英治　二〇〇一年『室町人の精神』講談社

佐藤進一　一九九〇年『日本中世史論集』岩波書店

佐藤進一・網野善彦・笠松宏至　一九九九年『日本中世史を見直す』平凡社

七宮涬三　二〇〇八年『織田水軍・九鬼一族』新人物往来社

新城常三　一九九四年『中世水運史の研究』塙書房

須田牧子　二〇一一年『中世日朝関係と大内氏』東京大学出版会

高橋慎一朗　二〇〇五年『武家の古都、鎌倉』山川出版社

田中克行　一九九八年『中世の惣村と文書』山川出版社

田中健夫　一九五九年『中世海外交渉史の研究』東京大学出版会

田中健夫　一九六一年『倭寇と勘合貿易』至文堂

徳田釼一　一九三六年『中世に於ける水運の発達』章華社（豊田武氏による増補版が一九六六年に巖南堂書店より復刊）

豊田武・遠藤巖・入間田宣夫　一九七〇年「東北地方における北条氏の所領」『東北大学日本文化研究所研究報告』別巻七

中島圭一　二〇〇三年「室町時代の経済」榎原雅治編『日本の時代史十一　一揆の時代』吉川弘文館

長沼賢海　一九五五年『日本の海賊』至文堂

中野　等　二〇〇五年「いわゆる「海賊停止令」の意義について」九州大学21世紀ＣＯＥプログラム『東アジア海域における交流の諸相』九州大学21世紀ＣＯＥプログラム

永原慶二　一九九二年『室町戦国の社会』吉川弘文館

永原慶二　二〇〇四年『芋麻・絹・木綿の社会史』吉川弘文館
新名一仁　二〇〇六年「三宅国秀・今岡通詮の琉球渡航計画をめぐる諸問題」『九州史学』一四四
野口　実　一九八三年『鎌倉の豪族　一』かまくら春秋社（のち、『坂東武士団と鎌倉』と改題されて戎光祥出版より二〇一三年に再刊）
橋本　雄　二〇一一年『中華幻想』勉誠出版
橋本　雄　二〇〇五年『中世日本の国際関係』吉川弘文館
服部英雄　二〇〇四年『武士と荘園支配』山川出版社
平瀬直樹　一九九四年「守護大名大内氏と海辺の武装勢力」『山口県地方史研究』七一
藤木久志　一九七四年『戦国社会史論』東京大学出版会
藤木久志　一九八五年『豊臣平和令と戦国社会』東京大学出版会
藤木久志　二〇〇五年『新版　雑兵たちの戦場』朝日新聞社
藤田達生　二〇一〇年『信長革命』角川学芸出版
藤田達生　二〇一二年『秀吉と海賊大名』中央公論新社
藤田裕嗣　二〇〇四年「兵庫北関入船納帳にみえる関銭をめぐる考察」『国立歴史民俗博物館研究報告』一一三
古田良一　一九三〇年「所謂貞応の廻船式目の製作年代」『史林』一五―三
本郷和人　二〇〇七年『武士から王へ』筑摩書房
本郷恵子　二〇一二年『蕩尽する中世』新潮社

村井章介　一九八八年『アジアのなかの中世日本』校倉書房
村井章介　一九九七年「中世国家の境界と琉球・蝦夷」同氏ほか編『境界の日本史』山川出版社（のち同氏著『日本中世境界史論』岩波書店、二〇一三年に所収）
村井章介　二〇〇五年「寺社造営料唐船を見直す」歴史学研究会編『港町と海域世界』青木書店
村井章介　二〇一一年「海がつないだニッポン」『ＮＨＫテレビテキスト歴史は眠らない』二〇一一年二・三月号
矢部健太郎　二〇一二年「豊臣「公儀」の法令と儀礼」平成二十四年度国史学会大会報告
山内　譲　二〇〇五年『瀬戸内の海賊』講談社
山内　譲　二〇一一年『中世の港と海賊』法政大学出版局
山本直孝　一九九六年「廻船大法の成立とその伝来」『歴史民俗資料学研究』一
柚木　学　一九七九年『近世海運史の研究』法政大学出版局
綿貫友子　一九九八年『中世東国の太平洋海運』東京大学出版会

あとがき

こりゃ厄介なことになった……。二年前の夏、勤務先の先輩である本郷和人氏を介してお会いした講談社の山崎比呂志さんから、「海の武士団で書いてみませんか」と言われたときの、率直な感想である。それまで少しは海に関する雑文を書いてはいたが、いわゆる中世前期の武士団研究に手を染めた経験のない私には、「海の武士団」という言葉にさほど馴染みはなかった。本書の冒頭に記したような、ぼんやりとした雑感は妄想していたものの、研究対象として突きつめたわけでもなく、やはりここは断るのがスジというものだろう。でもそれは、憧れの講談社選書メチエからいただいたせっかくの執筆依頼を素気無く棒に振ることでもある。どうしよう。

いろいろとヨコシマな思いが交錯した末に、依頼をお受けしてしまったけれども、やはり安請け合いは茨の道だった。当初構想したプロットは山崎さんの鋭いご指摘を前に打ち砕かれ、考えもないまま書き始めたものは、読み返してみると我ながらじつにツマラナイ。抜本的に組み替えて最終原稿を書き上げたのは、山崎さんが選書メチエから講談社現代新書に異動される直前。まさに滑り込みギリギリで間に合ったのであった。山崎さんの後任となった園部雅一さんには、書名選定から刊行に至る諸作業まで面倒をみていただき、この御二方の優れた編集者が講談社にいなければ、本書が日の目を見ることなどなかったのである。

こうして生まれた本書が、タイトルに「海の武士団」を掲げながら、イメージされがちな華やかな海上合戦に一切触れられなかったのは、今も忸怩たる思いである。ただそれでも、中世社会におけるローカルとビジターとの関係性から彼らの存在を説明しようとした試みは、これまでにない切り口といえるかもしれない。こちらは本文中にも記した波乗りからの発想で、ローカルがキツい某エリアは敬遠されがちだとか、某ポイントでローカルが不埒なビジターに「教育的指導」をしたといった会話は、サーファーの間で日常茶飯事の話題なのだ。ローカルとビジターのせめぎ合いに中世社会の特質を見る試みが、少しでも奏功したとすれば、下手の横好きのまま続けてきた趣味にも感謝しておこう。

また本書は、私が担当した青山学院大学における日本史特講のうち、二〇一一年度の「権力と海洋――港町めぐり」、二〇一二年度の「権力と海洋Ⅱ――海賊めぐり」の講義内容をベースにしている。津々浦々をめぐるあまり、散らかって収拾のつかない内容に忍耐強く付き合ってくれた受講生のみなさんにも、心から感謝したい。

海に心惹かれる一人として、東日本大震災以降、防災・減災の名のもとに、この列島の沿岸部が大きく様変わりしようとしているのは本当に気がかりである。犠牲となった方々を前に部外者は立ちすくむことしかできないけれども、構築されようとしている各種プランが、これまでの日本人と海とのかかわりを激変させていくのは容易に想像がつく。それらが実現した時、中世社会に生きた〈海の勢力〉たちとの距離は、いま以上に遠いものとなってしまうだろう。二〇一三年というタイミングで本書を上梓できたことにも、なにがしかの意味があったのかもしれない。

タイミングといえば、たまたま、このあとがきは北京からの帰路に書くことになった。本書に取り上げた「倭寇図巻」と非常によく似た構図の「抗倭図巻」（中国国家博物館所蔵）を調査させてもらう勤務先のプロジェクトに便乗させていただいたのだ。貴重な原本史料に精緻に描き込まれた、大陸側の〈海の勢力〉イメージの奥深さに比べると、本書で大雑把に描き出したのは彼らの一部分にすぎない。さまざまな素材をもとに、彼らの実像（さらには虚像）を探る試みを展開していかなければならないが、今はとにかく、どうにか厄介な肩の荷を下ろせた安堵感でいっぱいである。

とはいうものの、一つの旅の終わりは、次なる旅の始まりでもある。貧乏性な私のこと、帰ったらまたぞろ、新たな旅支度をいそいそと始めてしまうのであろう。次はどんな「彼ら」に逢えるのか、心躍らせながら。

二〇一三年七月　黄海の上空にて

黒嶋　敏

補論　ナワバリと〈海の勢力〉

黒嶋　敏

二〇二〇年の中世的世界

新型コロナウイルスにより現代社会が大きく揺れ動いた二〇二〇年。見たこともない情景のなかで、私も困惑しながら右往左往した一人ではあったが、その一方で、人々の行動に中世的なものが顔を出す瞬間に目を奪われてもいた。とくに最初の緊急事態宣言が発出されたころ、ピリピリとした緊迫感に包まれて社会全体が閉塞してしまい、人々の自由な移動すら「自粛」の対象となると、にわかに移動の許容範囲として都道府県という枠組みが立ち上がり、県境を越えた往来に厳しい視線が注がれるようになった。なかには県境の主要道路を封鎖するようなケースや、過敏に反応するあまり、県外ナンバーの車に嫌がらせをする事件まで発生したほどである。新型ウイルスという未知なるものへの恐怖が媒介者となるヨソモノに直結し、また政府の感染症対策が自治体や地域住民に丸投げされたこともあって、より直接的な手法で県域への侵入を阻止しようとしたために生じた現象ではある。とはいえ、わずか数カ月前までインバウンドやら観光立国やら「おもてなし」やらを看板に掲げていた社会が、その看板をあっさりと投げ捨ててヨソモノに厳しく当たる、その変容ぶりに驚かされたのであった。

ただそれは、それまで目に見えていないだけであって、移動に制約などないように思われた社会が、じつは移動を拒む顔を隠し持っていた、ということなのだろう。この二面性は、歴史のなかの移動を考える際にも重要な手がかりとなる。とりわけ日本の中世社会は、移動者が厳しい立場に置かれやすい社会であった。移動者に対する通行料の請求が当然の作法として認められており、従わなければ暴力的な制裁をともなう慣習が作られるにあたっては、地域内部での観念的な同調性に基づくローカルな空間と、そこに外部から来るヨソモノへの露骨な忌避感を前提としたことは疑いないからである。

それが、「海賊」などと呼ばれ日本の津々浦々に生息してきた〈海の勢力〉にとって社会的な存立基盤となった、というのが本書『海の武士団』で描写してきたところである。彼等はローカルな海上空間をナワバリとして、そこに来訪するヨソモノに対し通行料を徴収する正統性を持つ、つまりはナワバリを生活基盤とした社会集団なのであった。

さて今回、本書刊行から八年を経て、幸いにも「読みなおす日本史」シリーズの一冊に加えていただく機会を得た。そこであらためて、ナワバリと〈海の勢力〉の関係性をめぐって、本書のなかでは手薄な言及しかできなかった瀬戸内海に焦点を当てながら、いくつかの事例を紹介していきたい。

ナワバリと交通インフラ

本書で描写してきた〈海の勢力〉が、日本史のなかでもっとも華々しく活躍したのが、中世と呼ばれる時代である。ふつう日本中世は、古代の律令国家や近世の江戸幕府といった曲がりなりにも中央集権的な政治権力が君臨した前後の時代と異なり、政治権力はどれも分散的で脆弱な存在だったとされる。それは社会を支える交通インフラの側面にも顕著に表れていて、中世の政治権力のなかで、全国レベルで交通インフラを単独で整備しうるようなものはついに登場しなかった。そのため定期的な維持管理が必要となる橋や港湾といった交通拠点の保全は、各地域の自助努力に委ねられており、地域の側で、通行者から通行料を徴収するのが当然のことだった。室町時代に顕著となる「関所の乱立」という現象も、陸上の道におけるナワバリと通行者の関係を示すものである。史料上では同じく「関」と呼ばれた〈海の勢力〉も、やはり通行料に寄生する存在であった。

こうした通行料の徴収者によって、陸上の道・海上の道は維持管理されていた。つまり、陸上の道も海上の道も、基本的には有料の受益者負担で運用されていた。海上インフラにおいて、国家レベルでの整備・維持が放任されている時代には、各地の海賊たち、すなわち〈海の勢力〉たちが点となって、それぞれの航路という線を下支えしていたともいえる。日本中世の海上交通は、津々浦々の〈海の勢力〉の存在を抜きにしては成立しないものだったのである。なかでも東西に延びる瀬戸内海航路は多くの船舶が行き交うことで知られるが、沿岸部の〈海の勢力〉が連携して支えることで、物流の大動脈という役割を果たしてきたといえよう。

そんなナワバリに日常的な生活の軸足を置いている以上、〈海の勢力〉がナワバリから離れるようなことは原則的にはありえず、彼らは基本的に地域密着型のローカルな社会集団であった。一国単位で軍事指揮権を持つ守護などに動員されて、ナワバリから離れた海で水軍の行動をとることもあるが、むしろそれは一時的な姿であり、日々の生活はナワバリに規定されることになる。

ただ、島国である日本にとって、津々浦々の航路は国を超えて異国にも向かいうる。そこからさらに敷衍させて、朝鮮半島や中国大陸を襲撃していた倭寇のなかには日本各地の海賊が含まれていた、とする言説も少なくはない。はたして、そのようなことが実際にありえたのかどうか、いま少し慎重に検討する必要があるだろう。

〈海の勢力〉は倭寇か

倭寇というと、おもに十四世紀に朝鮮半島の沿岸部を荒らした前期倭寇と、十六世紀に中国大陸沿岸部を荒らした後期倭寇として整理されることが多い。ただいずれも史料的には、朝鮮半島側・中国大陸側の国家的な立場にある史料のなかで反体制的な行動をとるものを「倭寇」と記しているものがほとんどであって、図像として有名な「倭寇図巻」も、中国国内で作られた倭寇イメージの一つである（[東京大学史料編纂所二〇一四]）。たしかに「倭寇」という言葉を直訳すれば日本の海賊を意味するが、日本側のどのような人間がそこに加わっていたのかを実証しうる史料は限定的であり、〈海の勢力〉と倭寇との関係性を問うのは、じつは簡単な作業ではない。

そのなかで、瀬戸内海の代表的な〈海の勢力〉である村上氏が、倭寇と結託していたとする史料がある。江戸時代の一七一九年に香西成資によって著された歴史書『南海通記』にある記事で、必ずしも同時代史料とはいえないが、収集史料の編纂に軸足を置く香西成資の著述スタイルからすれば荒唐無稽な説と切り捨てることもできないものになる。瀬戸内海で最大の勢力を誇った村上氏が東シナ海に飛び出して倭寇と結びついていたのかどうか、少し掘り下げてみよう。

該当するのは『南海通記』巻八に「予州能島氏、大明国を侵すの記」とある部分で、芸予諸島の能島村上氏と、倭寇の首領だった王直（おうちょく）とが結びついていたとし、その時期は明からの倭寇禁圧の使節が来日した一五五六年のことと記されている。ほかの史料をめくってみると、朝鮮半島の「朝鮮王朝実録」にある同年の記事に、やはり王直が四国の住人と結び明・朝鮮に攻め込む計画を練っているとする情報が、対馬宗氏から朝鮮国王に報告されている（「朝鮮王朝実録」明宗十一年四月一日条）。どうやら『南海通記』の記事は、これと同種の情報をもとに変形させた伝承とすることができるだろう。

ここでカギになるのは一五五六年というタイミングで、じつはこの頃、倭寇に手を焼いた明では、禁圧を求める使節を日本に何度も派遣していた（［黒嶋　二〇一六］）。この年に来日した明の使節蔣（しょう）洲（しゅう）は、肥前平戸で王直と対面して説得を重ね翻意させ、ついに王直に明への帰国を承諾させた。さらに蔣洲は王直とともに豊後の大友宗麟のもとに向かい、倭寇禁止の指示を、大内氏をはじめとした西日本の諸大名に伝達している。つまりこの時、明の体制側に恭順の意を示した王直は、日本での倭寇禁止の旗振り役として先頭に立っており、これに能島村上氏も連携していたと考えられる。王直の帰国に合わせて、大友宗麟は大内氏らとスクラムを組んで明への外交使節を派遣しており、それに能島村上氏は助力していたのではないだろうか。当時の王直と能島村上氏との連携は、能島村上氏が倭寇であることをストレートに意味するものではなく、むしろ逆に、倭寇活動に手を染めるような人々を管理し取り締まる立場にあった可能性が高いとするべきであろう。

組織とアウトロー

以上のことからすれば、村上氏に代表される瀬戸内海の〈海の勢力〉と倭寇勢力との間に、物流ネットワークを介した接点は存在するものの、〈海の勢力〉自身が集団で倭寇活動をするために東シナ海に飛び出していった可能性は低いといわざるをえない。大陸の明側が沿岸部の暴力的な反体制者を「倭寇（＝異国である日本の海賊）」と認識していたことは事実であるが、その倭寇と、日本国内でのローカルな存在である実在の〈海の勢力〉との間には、大きなギャップがあったのである。

繰り返しになるが、日本国内の〈海の勢力〉は、そもそもナワバリとは切り離せないローカルな存在である。反体制的で流動的な交易に依拠する倭寇とは経済原理が全く異なる集団なのであり、日本の〈海の勢力〉が組織的に倭寇に参画した可能性は低いと考えるのが自然であろう。もちろん中国側の史料には倭寇に西日本各地の出身者が含まれていたと記すものもあるにはあるのだが、〈海の勢力〉

が国内のナワバリを捨てて集団で海の向こうでの倭寇に身を投じるとすれば、それは自殺行為にほかならない。倭寇に参画している日本人とは、組織ではなく、組織を飛び出した一部の人間の行為として考えるべきなのではないだろうか。

もちろんそれは、日本の〈海の勢力〉が倭寇と無関係でいられたということではない。十六世紀の後期倭寇は、日本からは銀を運び、大陸からは生糸や硝石を持ち込んで利潤を上げていくが、そうした交易者という側面で倭寇を見たとき、その物流ルートは日本国内の商人たちのものと接合することになる。たとえば、一五四九年に日本に来日したフランシスコ・ザビエルは、アジアの海上では倭寇勢力と連携しながら北上し、日本国内では瀬戸内海などを堺商人の日比谷氏の一族から支援を受けて通行している（[川村　二〇一〇・岡本　二〇一二]）。すでに形成されていた、倭寇勢力―堺商人の物流ネットワークを利用し便乗することで、ザビエルはスムーズに移動できたのであった。その物流ルートを国内で下支えしていたのもまた〈海の勢力〉であり、必然的に彼等はそのような海外情勢に触れる機会も多かったはずである。

そのなかで実際に倭寇に身を投じるようになるのは、組織を飛び出たアウトローではなかったか。ザビエルに日本知識を授けた日本人アンジローが、かつて薩摩国で人を殺めてしまい異国に飛び出してマラッカに至ったように、共同体のなかで居場所を失い、海の向こうに逃亡して新天地を求める人間は少なくなかった。そうした個人レベルの動向と、〈海の勢力〉という組織としての行動とは、やはり線を引いて区別されるべきであろう。

ナワバリと山当ての作法

その能島村上氏のナワバリは、近年はしまなみ海道の愛称で知られる芸予諸島である。戦国時代には芸予諸島のうち、北から因島、能島、来島の三つの拠点それぞれに三派の村上氏が成立しており、その中で能島村上氏がリーダー的な立場にあった。能島村上氏は武吉が当主だった頃には、さらに広い範囲の諸氏を従えるまでに台頭しており、キリスト教宣教師のルイス・フロイスが「日本最大の海賊」と記しているほどである。

三派の村上氏の拠った三つの拠点は、いずれも芸予諸島の海峡部にあたり、瀬戸内海航路における難所であった。狭い海では潮流が激しく複雑になるため、地元の人間による暦や天候を踏まえた航海知ともいうべき助言がなければ、安全に通過することすらできないのである。村上武吉が拠った能島城は「日本最大の海賊」の居城としては小ぶりな印象を与えるが、宮窪瀬戸のなかに浮かぶ典型的な海城で、海峡部の要衝に当たる。こうした実用的な拠点を掌握しておくことで、〈海の勢力〉のナワバリは形作られていくと考えられている。

ただ、海城のような拠点が海上交通をコントロールする際にどのような作用をしたのかは、周囲の海事情報を総合的に踏まえながら検討する必要があり、史料不足から、まだ解明されていない点も多い。とくに前近代の航海に関する知識は文字の史料に書き記されたものは極めて乏しく、もっぱら口伝の世界で継承されていて、しかも近代になって動力船への転換が急速に進んだために継承されずに失われてしまったものは少なくない。

そのなかで参考になりそうな材料が近代初期の海図である。たとえば東京大学史料編纂所の赤門書庫旧蔵資料のなかに偶然に残されていた海図「来島海峡」は、明治二年（一八六九）のイギリス式測量の成果をもとにした海図であるが、そこには来島海峡の情報として興味深い一文がある。

来島海峡ヲ安全ニ航過セント欲スルニハ、其潮流ノ強激且不規則ナルニ注意スルコト甚タ肝要ナリ、乃チ西方ヨリ来ツテ此峡ヲ経過セントスルニハ、先ツ武志島ノ北端ト大島山上ノ大樹トヲ一線［即チ其方向南東微東二分ノ一東］ニ見テ進航シ、而シテジョンク角ヲ小島ヨリ東ニ離レテ南西四分ノ一西ニ視ル位置ニ至ラバ、直チニ鍼路ヲ馬島ノ西面ニ転シ、海士瀬ヲ避クル為メ、其島ト陸ノ間中央ヨリ較々島ニ近ヅキテ航過スベシ、

ここから、急な潮流や浅瀬を避けるために、船は島の地形や「大樹」といった目標物を頼りに航路を取っていた様子が浮かび上がる。しかも海図のなかには、「大樹」の位置と海上から見た対景図が、丁寧に描き込まれてもいた。近代科学の手法による精緻な測量データとは異質なものに思えるが、GPSもない時代には山や大木などの目標物は航海の安全を左右する重要な情報であり、わざわざ図中に明示されたのである。一般に海図の製作に際しては、その地域の船舶従事者らへの聞き取りを行い反映させているので、「大樹」が一八六〇年代の来島海峡において重要な目標物であったことは確か

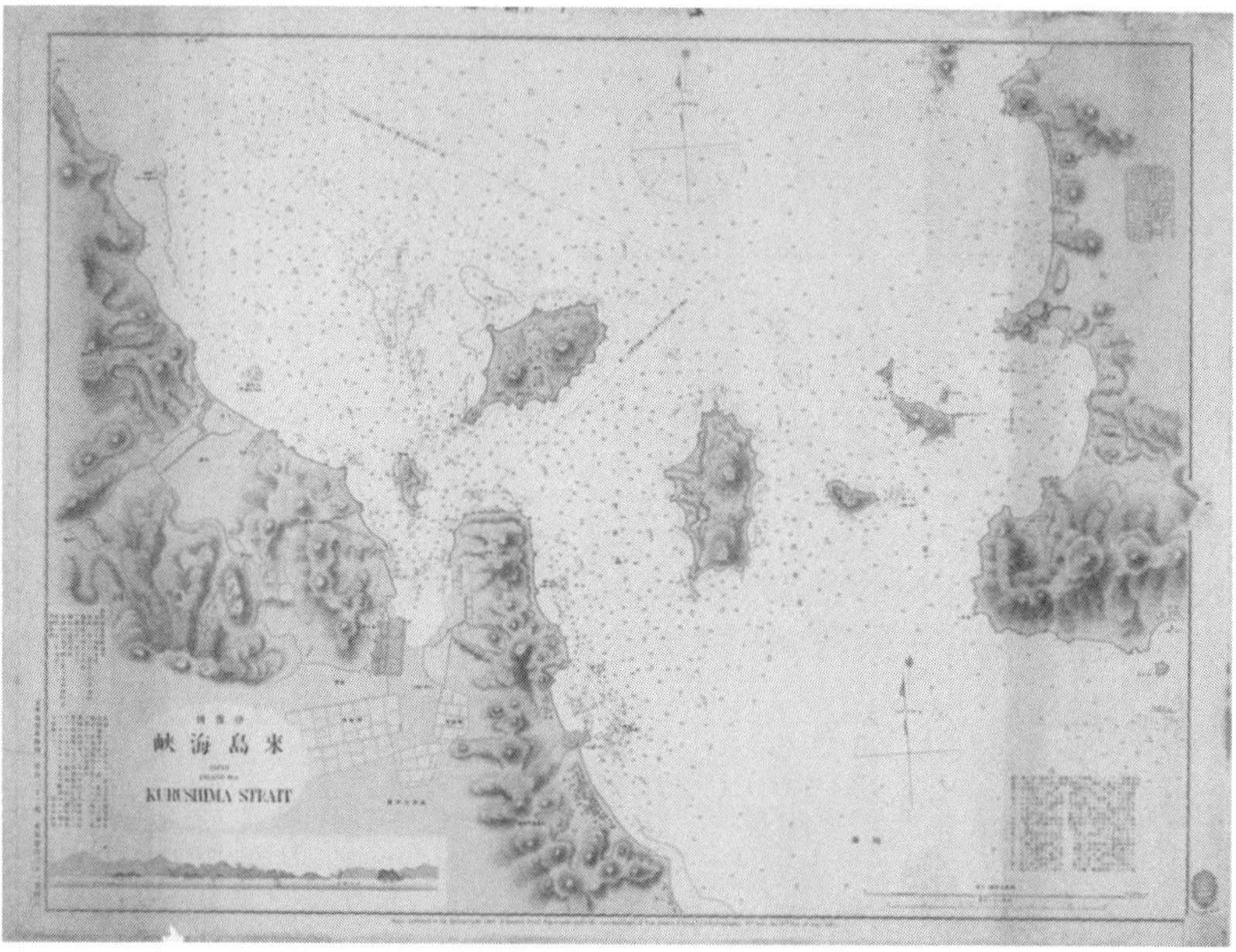

海図「来島海峡」（東京大学史料編纂所所蔵，黒嶋加筆）

であろう。

船の視線と陸の視線

こうした陸地の目標物を頼りに、自船の位置づけをしていく航海の技術を山当てと呼ぶ。山の稜線や大木を目当てに慎重に進まなければいけない航路とは、裏を返せば、通過する船は陸地から視認される範囲のなかを動かざるをえない。ただでさえ狭い海峡部で、周囲の陸地から監視されながら動く船は、必然的に当地を掌握する〈海の勢力〉の意向に従うこととなる。

しかも要所要所には海城が置かれていた。たとえば、さきほどの海図の文中に要地であると記されていた武志島にも、村上水軍の海城が置かれていた。こうした海城に常在の番兵が置かれていたとすれば、ここを航行する船は、〈海の勢力〉から常に監視されていたことになるだろう。

このような船と陸との近さを前提にすると、戦国期の村上氏が対価と引き換えに船に与えていた旗の意味も再確認できる。本書四四頁でも述べたとおり、この大きさ一メートルほどの旗は過所旗とも呼ばれていた。過所とは関所の通行証のことである。海賊は「関」とも呼ばれており、ナワバリを通る人々から通行料を徴収するという関の本質からすれば、その通行の安全を保障する旗を過所旗と称するのは妥当なところであろう。

ただ村上氏の旗には、関の通行証である以上に、別の意味も持ち合わせていた。村上武吉がコエリュ一行に旗を与えた際に「怪しい船に出会ったときに見せるがよい」と述べていることからすれば、この旗を掲げることで、船は村上氏の関係者であるという「見かけの属性」を示すことができた。これには、「日本最大の海賊」とされた武吉の権威が大きく作用していると考えられる。村上武吉のナワバリを安全に通過するだけでなく、武吉の関係者であるという「見かけの属性」を周囲の陸地に見せつけながら進むことで怪しい船の接近を未然に防ぐ。「関」以外のエリアでも効力を持ちうるだけに、船の側は武吉の旗を買い求めたのであろう。

たんなる過所という役割にとどまらず、瀬戸内海における航行の安全を保障しうる旗だと認識されていたとすれば、その発給主体である村上武吉もまた、より大きな存在感を持っていたことになろう。

いくつものナワバリと〈海の勢力〉の時代

以上、瀬戸内海の村上氏を取り上げ、ナワバリと〈海の勢力〉を考える事例のいくつかを紹介してきた。村上氏ほどの規模には成長しなかったとはいえ、中世日本には、津々浦々に大小さまざまな〈海の勢力〉がナワバリを構えていた。彼らのナワバリは、通行料を徴収するための地域密着型の生活基盤であったが、交通の阻害要因というよりは、航路の安全な利用を下支えする仕組みという側面が強かったといえよう。国家的な海上インフラの整備がほぼ手つかずだったにもかかわらず、日本列島で海上交通が発達していたことは数々の考古学の成果が雄弁に語るところであり、沿岸部の〈海の勢力〉の存在を抜きにして海上交通の安定は図れない。

日本の中世社会は、こうしたナワバリが各地に林立しながらも、同時にナワバリの外と折り合いをつけながら、人や物が移動を実現していた社会であった。陸上の関や海上の関は、地元のローカルな人々と、ヨソモノとが、それぞれ妥協を重ねながら作り上げてきた慣習でもある。先例に基づかない通行料徴収は「新関」などと呼ばれ糾弾され、ヨソモノの激しい反発を招いたのはそのためである。

さて、現代の新型コロナウイルス問題は長期化しつつある。社会に表面化した人々の移動に対する抵抗感もまた即座に消え去る可能性は低く、しばらくは移動のハードルが高いままの状況が続きそうな様相を呈してきた。ヨソモノを忌避しようとするローカルな地域感情と、安全な移動を実現させたいヨソモノとが、どのような折り合いをつけていくことになるか。いくつものナワバリが林立した中世の事例に、解決の糸口がありそうである。

参考文献

岡本　真　二〇一三年「堺商人日比屋と一六世紀半ばの対外貿易」中島楽章編『南蛮・紅毛・唐人―十六・十七世紀の東アジア海域―』思文閣出版
川村信三　二〇一〇年「ザビエル上洛事情から読み解く大内氏・堺商人・本願寺の相関図」『上智史学』五五
黒嶋　敏　二〇一六年「明・琉球と戦国大名―倭寇禁圧の体制化をめぐって―」『中国　社会と文化』三一
黒嶋　敏　二〇一七年「〈船の旗〉の威光―戦国日本の海外通交ツール―」高橋慎一朗・千葉敏之編『移動

者の中世―史料の機能、日本とヨーロッパ―』東京大学出版会
東京大学史料編纂所編　二〇一四年『描かれた倭寇―「倭寇図巻」と「抗倭図巻」―』吉川弘文館

本書の原本は、二〇一三年に講談社より刊行されました。

著者略歴

一九七二年　東京都に生まれる

二〇〇〇年　青山学院大学大学院博士後期課程中退

現　　在　東京大学史料編纂所准教授、博士（歴史学）

〔主要著書〕

『天下統一―秀吉から家康へ―』（講談社、二〇一五年）、『琉球王国と戦国大名―島津侵入までの半世紀―』（吉川弘文館、二〇一六年）、『秀吉の武威、信長の武威―天下人はいかに服属を迫るのか―』（平凡社、二〇一八年）

海の武士団
水軍と海賊のあいだ

二〇二一年（令和三）十二月一日　第一刷発行

著　者　黒嶋（くろしま）敏（さとる）

発行者　吉川道郎

発行所　株式会社　吉川弘文館

郵便番号一一三―〇〇三三
東京都文京区本郷七丁目二番八号
電話〇三―三八一三―九一五一〈代表〉
振替口座〇〇一〇〇―五―二四四
http://www.yoshikawa-k.co.jp/

組版＝株式会社キャップス
印刷＝藤原印刷株式会社
製本＝ナショナル製本協同組合
装幀＝渡邉雄哉

ISBN978-4-642-07169-7

刊行のことば

現代社会では、膨大な数の新刊図書が日々書店に並んでいます。昨今の電子書籍を含めますと、一人の読者が書名すら目にすることができないほどとなっています。ましてや、数年以前に刊行された本は書店の店頭に並ぶことも少なく、良書でありながらめぐり会うことのできない例は、日常的なことになっています。

人文書、とりわけ小社が専門とする歴史書におきましても、広く学界共通の財産として参照されるべきものとなっているにもかかわらず、その多くが現在では市場に出回らず入手、講読に時間と手間がかかるようになってしまっています。歴史の面白さを伝える図書を、読者の手元に届けることができないことは、歴史書出版の一翼を担う小社としても遺憾とするところです。

そこで、良書の発掘を通して、読者と図書をめぐる豊かな関係に寄与すべく、シリーズ「読みなおす日本史」を刊行いたします。本シリーズは、既刊の日本史関係書のなかから、研究の進展に今も寄与し続けているとともに、現在も広く読者に訴える力を有している良書を精選し順次定期的に刊行するものです。これらの知の文化遺産が、ゆるぎない視点からことの本質を説き続ける、確かな水先案内として迎えられることを切に願ってやみません。

二〇一二年四月

吉川弘文館

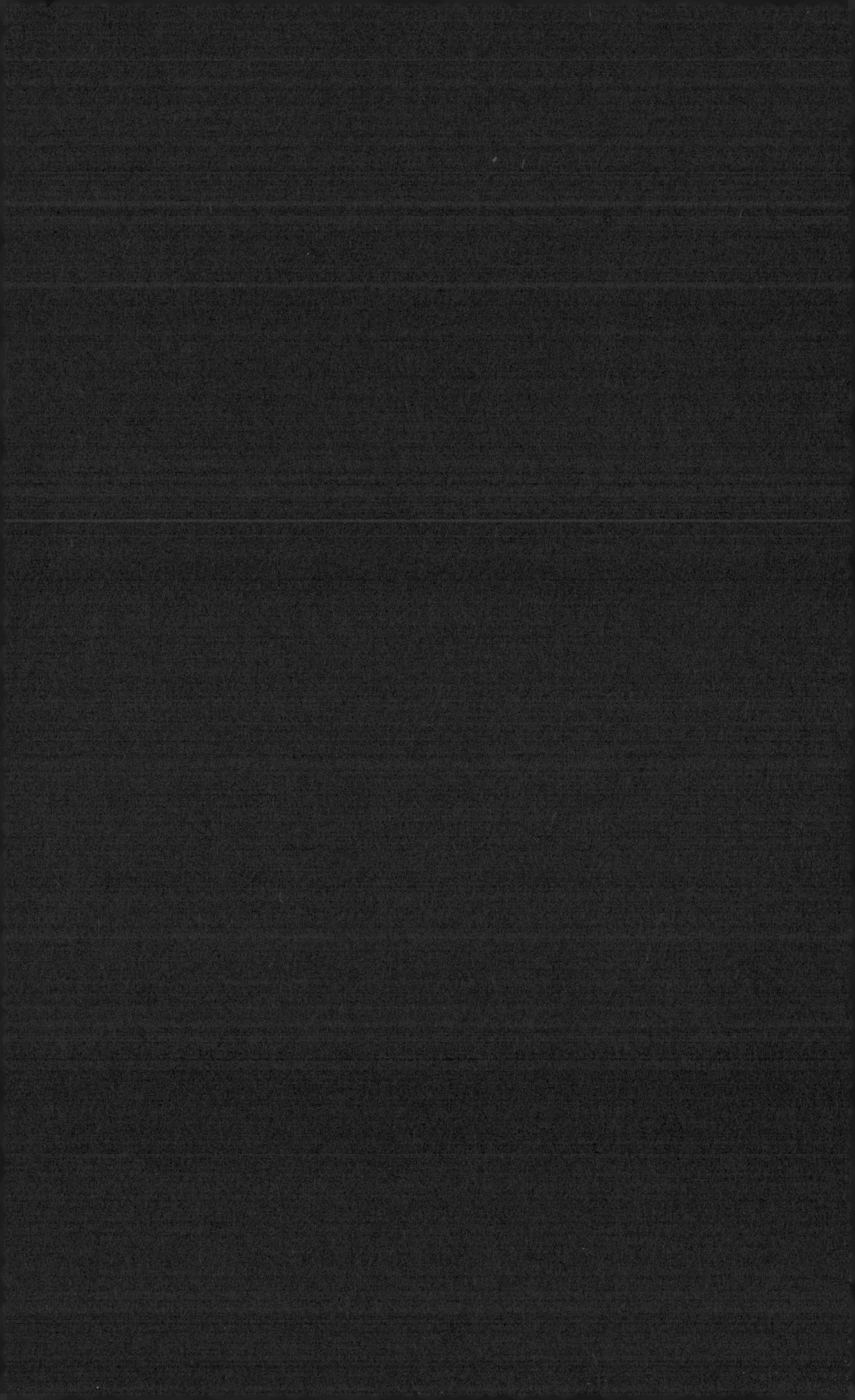